跟着语文课本长大

课本里的名人故事

文化先贤篇

王有宏 / 著

长江出版传媒　长江文艺出版社

图书在版编目（CIP）数据

课本里的名人故事：全二册 / 王有宏著. -- 武汉：
长江文艺出版社，2025. 6. -- ISBN 978-7-5702-4024-1

Ⅰ．K820.2-49-49

中国国家版本馆 CIP 数据核字第 20253GH098 号

课本里的名人故事
KEBEN LI DE MINGREN GUSHI

| 责任编辑：叶　露 | 责任校对：程华清 |
| 封面设计：魏嘉奇 | 责任印制：邱　莉　胡丽平 |

出版　　长江出版传媒　长江文艺出版社
地址　　武汉市雄楚大街 268 号　　邮编：430070
发行　　长江文艺出版社
　　　　http://www.cjlap.com
印刷　　湖北新华印务有限公司

开本：710 毫米×970 毫米　　1/16　　印张：16.75
版次：2025 年 6 月第 1 版　　2025 年 6 月第 1 次印刷
字数：166 千字

定价：49.00 元（全二册）

版权所有，盗版必究（举报电话：027—87679308　87679310）
（图书出现印装问题，本社负责调换）

前　言

　　尧、禹、老子、孔子、孟子、庄子、屈原、司马迁、陶渊明、李白、杜甫、苏轼、辛弃疾……翻开语文课本，那些穿越时空的名字，总会带着独特的光芒跃然纸上。

　　他们的故事，不仅是一个个精彩的传奇篇章，更是一颗颗璀璨的文化明珠，是深入了解传统文化、提升人文素养的重要途径，也是学习语文的资源宝库、进行德育教育的生动教材。

　　遗憾的是，限于篇幅和教学侧重点，课本上的名人往往只是一个人名，孩子们不知道人物背后有什么故事，不知道他们代表着什么。为此，我们以小学语文课本为依托，将课本中出现，或跟课本内容有关的古代名人加以梳理、归类，择要辑录，编成《课本里的名人故事》二册。

　　其中，上册选取的古代名人主要为思想文化与艺术创造者，他们以哲学思想、文学创作、艺术成就等，推动中华文化精神构建。下册选取的主要是政治、军事与科技实践者，他们以政治活动、军事斗争、科技发明或社会实务为主要成就，直接影响历史进程。

这些故事或充满人生智慧，或洋溢着向上的力量，与语文学习、文化传承紧密结合，为孩子们提供系统、全面的学习资源，也让他们在成长过程中汲取精神力量，塑造良好的品格。

在讲述人物故事的基础上，我们还特别增加"联系与思考""课本延伸""拓展阅读"等版块。"联系与思考"根据人物故事提炼作文素材，进行点评指引，帮助孩子积累素材，提升写作水平。"课本延伸"联系人物在课本上的出处，剖析相关历史背景、文化内涵，加深对课文的理解（刘邦与项羽两个人物紧密相关，课本延伸只写一处）。"拓展阅读"主要是跟人物有关的一些史实、知识点等，以拓宽孩子们的知识面，开阔视野，培养阅读兴趣和习惯。

为了让阅读更轻松，我们为部分人物设计了多格漫画，在尊重事实的基础上，对人物形象和故事情节进行了适度的艺术加工，比如夸张的表情、幽默的对话或充满想象力的场景。请您知悉，这些漫画并非严格的历史还原，而是希望用孩子们喜爱的方式激发阅读兴趣，同时让孩子们更容易理解故事内涵。

希望本套书能成为孩子们成长路上的良师益友，期待他们在名人故事的滋养下，感受独特的文化魅力，书写属于自己的精彩人生篇章。也期待通过这两本书，让那些照耀历史长河的名人精神绽放出新的光彩。

本套书在编撰过程中参考了大量资料，在此对原作者表示感谢。对于书中错漏及不足之处，敬请海涵，并欢迎批评指正。

目 录

老　子：无为无不为 …………………………………… 001

孔　子：为政以德，至圣先师 ………………………… 009

孟　子：儒家学术"代言人" …………………………… 020

庄　子：天地之间任逍遥 ………………………………… 028

墨　子：要和平不要战争 ………………………………… 038

屈　原：上下求索的爱国诗人 …………………………… 046

韩非子：行走的"成语词典" …………………………… 055

司马迁：无韵之离骚，开史家之先河 …………………… 063

王羲之："书圣"是如何炼成的 ………………………… 070

陶渊明：不为五斗米折腰 ………………………………… 081

李　白："醉"浪漫的诗仙 ……………………………… 091

杜　甫：写不尽人间疾苦 ………………………………… 101

苏　轼：在人生逆旅中潇洒前行 ………………………… 110

辛弃疾：笔下狼烟起，词中刀剑鸣 ……………………… 120

老子：无为无不为

人物小传

老子，姓李，名耳，字聃（dān）。春秋时期陈国苦县人（今河南省鹿邑县，另一说法为安徽省涡阳县），约出生于公元前571年，逝世于公元前471年。老子是中国古代伟大的思想家、哲学家、道家学派创始人和代表人物。

人物故事

老子作《道德经》

老子为什么叫这么奇怪的名字？

传说，他母亲怀胎72年，才生下他。老子一出生就72岁，头发胡须都白了，额头上布满皱纹，所以人称"老子"。

当然，这是编造的故事。有学者考证，老子其实姓老，李或许是他的氏，而"子"是对成年男子的尊称。只不过，《史记》说老子姓李，这个说法就这么一直流传下来了。

老子曾做过周朝的"守藏室之史"。守藏室是收藏文书典籍的地方，老子的职位，大概相当于皇家图书馆管理员。他在这个职位上一干就是很多年。后来见周王室日益衰败，他决定辞官不做了，找个地方隐居。

东周的都城在洛邑，也就是今天的河南洛阳。从这里一路向西，有一座险要的关隘（ài）①叫函谷关。

且说这一天，驻守函谷关的官员尹喜正在城楼上瞭望，忽然看见关外大道上有一团氤氲的紫气冉冉飘来。尹喜是个有学问的人，他一看到这种异象，就意识到有圣人前来。于是他马上派人打扫道路、洒水焚香，恭敬地等在路边。

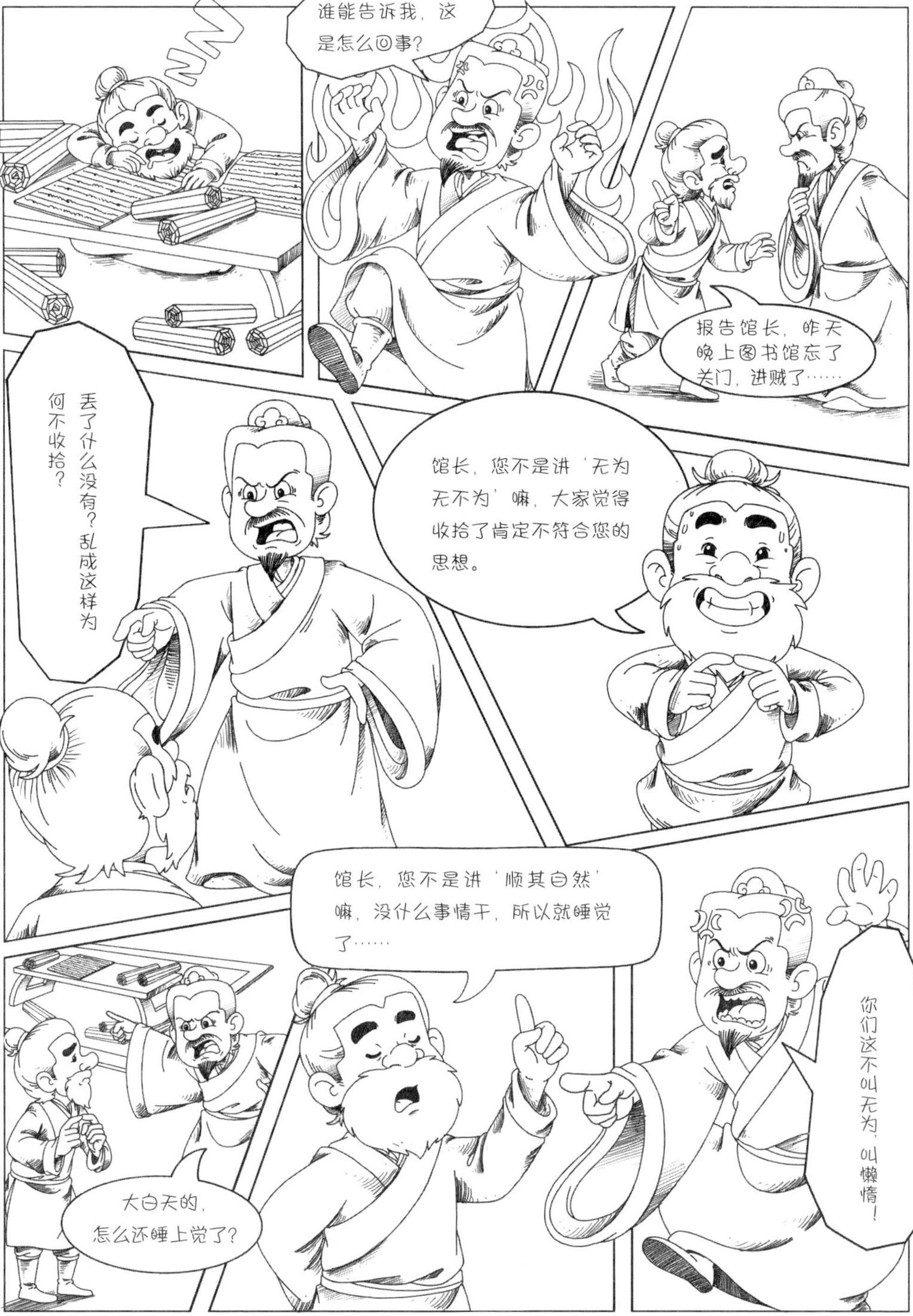

过了一会儿，果然有一位须发皆白、仙风道骨的老者，骑着一头青牛，悠然来到关前。这人正是老子。

尹喜立即拜老子为师，请他在官舍住下，每日虚心向他求教。过了一段时间，老子要走了，尹喜说："您这一去，不知道会隐居在哪里，天下人可能再也见不到您了。还请勉为其难，给我们写一点文字、留下点东西吧。"

老子想了想，答应了。那时还没有纸，人们写东西都是写在简牍（dú）②上。他一连写了好几天，写了5000多字，分为上篇和下篇两部分，这就是我们现在所看到的《道德经》。写完以后，老子飘然而去——《史记》说"莫知其所终"，也就是没有人知道他去了哪里。

后来，《道德经》成道家尊奉的圣典。它虽然只有5000多字，却字字珠玑，充满智慧和哲思。老子出关时的"紫气东来"，也成为吉祥的象征。

无为而治，顺其自然

老子的思想，可以用8个字来概括：清静无为，顺其自然。什么意思呢？大致就是说，人们做事时要遵循自然规律，不去过度干预，让事情自然而然地发展。《庄子》里有个小故事，形象地说明了这一点。

说是有一个叫士成绮的人，听说老子是圣人，便不辞辛苦前去拜见。

结果一见到老子，士成绮大失所望，说道："我走了上百天的路，脚上磨出厚厚的茧子，就为了见你一面。可现在看来，你并不像圣人啊！你看你这儿，东西多得吃不完了就随意丢弃，任由老鼠糟蹋，这是不仁啊。想必你吃穿用度取之不尽，说不定就是平时贪婪聚敛而来。"

老子闭目端坐在那里，像木头一样，一动不动，连眼睛都不睁一下，也不知听到没有。

第二天，士成绮又来见老子，说："昨天我嘲讽了你，你老人家不搭理我，反倒让我有所触动、有所感悟。这是为什么呢？"

这回老子终于说话了："对于智者、圣人之类的说法，我自认为已经超脱了。你说我是牛，我便是牛；说我是马，我便是马。如果这是事实，我不承认，岂不是双重罪过？如果不是事实，你即便说了，于我又有何妨？不过顺其自然而已。"

老子这话说得有些绕，总结一下就是：不管你怎么说，我就是我，我率性任真、顺其自然，所以可以超然物外。

在老子看来，外面的世界如何，本不必在意，更不必刻意迎合或逃避，保持自己原本的样子就可以了。自己原本的样子就是自然。顺其自然，方得自然。

注：

①关隘，指险要的关口，是建立在交通要道上的军事防御设施，又称关卡。

②简牍，古代书写用的竹片或木片。其中长而窄的叫简，

一般是用竹子做的；较宽的叫牍，一般是木片。每片竹简可以写一行字，写完按顺序排好，用绳子或牛皮条编串起来，叫作"策"或者"册"。

联系与思考

以柔克刚的生活智慧

老子在《道德经》里说："天下莫柔弱于水，而攻坚强者莫之能胜。"天下再没有比水更柔弱的东西了；但是攻坚克强时，没有什么东西可以胜过水。

以柔克刚是一种重要的生活智慧。"柔"并不代表软弱，而是代表灵活、变通、坚韧。最柔弱的东西里，往往蕴含着看不见的巨大力量，即便是最坚强的东西也无法抵挡。

课本延伸

出处： 四下·语文园地·日积月累·名言名句

胜人者有力，自胜者强

这句话出自《道德经》第三十三章，意思是说，战胜别人，只能说有力量；能战胜自己，才是真正强大。

战胜自己，首先是克服自身的缺点、弱点。东晋有个叫王述的人，一次吃煮鸡蛋，用筷子去叉。鸡蛋叉不住，他很恼火，就把鸡蛋扔到地上。鸡蛋在地上团团转，他看了更恼火，抬脚就去踩。没想到，踩也踩不着，他大怒，干脆从地上捡起鸡蛋放在嘴里咬碎，再把它吐掉。这就是典型的不能控制自己的情绪、不能战胜自己，结果让别人看笑话。

战胜自己的另一层意思，是如何发展自己、进一步完善自己。这是一种更高层次上的"胜"，也可以说是不胜而"胜"。

自胜比胜人更难做到，所以"强"是比"有力"更高的境界。一个真正强大的人，不会把他人看作对手，也不需要去证明自己胜过什么人，人们自然而然地会认可他、尊重他。

拓展阅读

老子是怎么变成太上老君的

东汉时，有个叫张道陵的人，利用道家思想创立了正一道（又叫天师道）。他将老子神化为道教教主，称其为太上老君，并自称得到了太上老君的真传。

东汉末年，佛教传入中国。到了南北朝时期，佛教取得大发展。佛教说人有过去、现在、未来三世，对应的有过去佛、现在佛、未来佛三位大佛。相比之下，道教的太上老君就显得有些势单力薄。

为了抗衡佛教的影响力，道教提出"一气化三清"的说法，即由道衍化而来的老子，变成三位尊神：玉清、上清、太清。太清就是太上老君（也即道德天尊），上清是灵宝天尊，玉清是元始天尊。

到了唐代，刚好唐代的皇帝跟老子同姓。为了巩固统治，唐王室宣称自己是老子的后代，尊太上老君为先祖，进一步提升了对太上老君的信仰。随着《西游记》《封神演义》等通俗小说的流行，太上老君越发深入人心，变成一位家喻户晓的神仙。

孔子：为政以德，至圣先师

人物小传

孔子，名丘，字仲尼，约出生于公元前551年，逝于公元前449年，是春秋时期鲁国陬邑（今山东省曲阜市）人。他是中国古代伟大的思想家、教育家、儒家学派创始人，被后世尊称为"大成至圣先师"。

人物故事

周游列国　推行仁政

孔子一直想在天下推行仁政。啥叫仁政呢？简单点讲，就是宽厚对待百姓。

当时列国争战，诸侯国统治者脑子里想的都是争王称霸，

009

谁也不在乎老百姓的死活，苛政层出不穷。

有一次，孔子路过泰山脚下，看见一个妇人在新修的坟墓前痛哭。孔子便让子路去问问怎么回事。一问才知道，这可怜女人的公公和丈夫先前都被老虎咬死，如今儿子也死于虎口。孔子问："既然这里有凶猛的老虎，你们为什么不离开呢？"妇人回答："这里没有苛刻的政令。"孔子叹息着对学生们说："你们要记住，苛政猛于虎啊！"

公元前497年，孔子带领颜回、子路等一众弟子，开始周游列国，宣传仁政理念，希望能找到施展抱负的机会。

他们先来到鲁国旁边的卫国。卫国国君卫灵公很看重孔子的名气，给他优厚的俸禄，却不任用他。待了一段时间，孔子明白了，卫灵公只不过是把他当作摆在案头的花瓶，赚个任用贤能的好名声罢了。

孔子带着学生们又来到宋国。宋国的大司马叫桓魋（tuí），手里掌握着军权。桓魋曾命人给自己建造豪华石椁①，造了三年也没造好。孔子就批评说："如果像这样奢靡、劳民伤财，死了以后还不如早点腐烂。"因为这事，桓魋对孔子记恨在心。听说孔子来到宋国，桓魋便派人前来刺杀。孔子师徒没办法，只好赶紧逃走。

一行人好不容易逃到郑国，孔子却跟学生们走散了。大家四处寻找。有个当地人说："东门外有个老头儿站在那儿，长相倒很气派，就是神情惶然，像一条无家可归的狗，不知道是不是你们要找的人。"

弟子们赶紧来到东门,一看,可不就是孔子吗?子贡把当地人的话说给孔子听。孔子笑道:"他说得对极了,我刚才确实像丧家之犬啊!"成语"丧家之犬"就是从这儿来的,用来比喻无处投奔、到处乱窜的人。

后来,孔子又去了陈国。陈国是个小国,晋国和楚国都想吞并这块地方。好不容易两国消停了,吴国又派兵来打,攻占了陈国许多地盘。眼见战乱不断,孔子打算离开,前往晋国。

当时,晋国国力强大,执政的赵简子是一个很有才干的人,非常注重任用贤能。没想到,孔子他们都走到黄河边上了,听说赵简子杀了窦鸣犊、舜华的消息。窦鸣犊、舜华都是贤能之士,赵简子靠着这两个人起家,现在却鸟尽弓藏。孔子非常失望——

这样背信弃义的人，是不会真心对待别人的。

　　这以后，孔子又在蔡国待了几年。这时楚国的楚昭王决定聘用孔子，孔子也接受了。但就在他要启程前往楚国的时候，陈蔡两国的大臣却私下里商量说，孔子在我们这里待了好几年，也没得到任用。现在楚国要重用他，这岂不是说我们有眼无珠、不识人才？

　　于是，这帮家伙暗地里找了一伙无赖，将孔子师徒围困在一座小村庄，不让他们去楚国。孔子师徒一行粮尽水绝，差点儿饿死。最后，子贡突围出去，找到楚国军队，才把他们救出来。

　　孔子到了楚国，眼看就要大展宏图，楚昭王却病逝了。这时，孔子已经六十多岁了。他知道，在这个乱世，自己可能已经没有机会施展抱负了。他决定返回老家、著书立说，把自己的理想留给后人。

　　回到鲁国后，孔子编撰了《春秋》，这是中国第一部编年体史书。他还修订了《诗经》《尚书》《仪礼》《易经》《乐经》。孔子去世后，弟子们把他的言论整理成一本书，名叫《论语》。后来，这些著作都成为儒家经典，影响着一代又一代中国人。

学而不厌，不耻下问

　　如果你读过《三字经》，你应该记得里面有几句话是这么说的："昔仲尼，师项橐（tuó）。古圣贤，尚勤学。"

　　仲尼就是孔子，项橐则是一个七岁的孩童。孔子学富五车，为什么会拜一个七岁孩子为师呢?

据说,有一次孔子和弟子们乘马车外出。他们行至纪障城的时候,碰到一群孩童在路上玩。眼见马车驶过来,大伙儿都躲到路边,只有一个七八岁的孩子昂首站在路中间。这孩子就是项橐。

孔子奇怪地问:"小家伙,你挡在路上干什么?"项橐摇摇头,说:"老头儿,我还想问你呢,你们横冲直撞干什么?"孔子更奇怪了:"我们好好地在路上走着,何来冲撞一说?"

项橐指指地上,只见地上用石头、土块垒了一座"城池"。项橐学着孔子的口气说:"你看,我们好好地在这儿建了一座城池。你说,是应该城池让车马,还是车马让城池?"

孔子一听,哟,这娃儿嘴皮子还挺厉害!老先生来了兴趣,决定考考项橐,于是说道:"小娃儿,我不与你争论。这样吧,我给你出一道题,论个输赢,可否?"

项橐双手抱着胳膊,点头道:"来吧!"孔子想了想,说:"人生在世,靠的是日月星辰之光。你可知,天上有多少星星?"项橐说:"天上的星星不可胜数,但再多,也不过一夜星辰而已。"

这下孔子知道了,项橐是真聪明,真的有见识。他收起轻视之心,决定拜项橐为师,真诚地向他请教一些问题。

当然,这故事是后世杜撰的。不过孔子向项橐请教问题,确有其事,《战国策·秦策五》里就提到过。所以,宋朝的王应麟在编撰《三字经》时,将这事当作一个勤学好问的典范,写了进去。

事实上,孔子真是一个勤学好问的模范。他有一句话,叫"敏而好学,不耻下问",意思是说,人应谦虚好学,不要把向职位比自己低、学问比自己差的人求教看作耻辱。

孔子被后人视为最有学问的圣人,他的学问也不是天生就有,而是一点点积累的。比如他到鲁国太庙参加祭祀,每件事都要问一问。有人就嘲笑说:"谁说孔子最懂礼仪?这不是啥事都要问吗?"孔子听到后说:"不懂就问,这正是符合礼仪的表现啊!"

孔子曾千里迢迢奔赴周朝都城洛邑,向老子请教礼乐问题,向乐师师襄学弹琴曲《文王操》,向郯子请教古时职官制度……他说:"三人行,必有我师焉。"正是这种好学不倦、学而不厌的精神,让他成为一代圣贤。

诲人不倦　因材施教

孔子十五岁立志向学,到三十岁时全面掌握"六艺",成为博学多才的人。他的名气越来越大,很多人慕名而来,向他求学。孔子也乐于传道授业、指点迷津。

子路是个粗人,早年好勇斗狠,常常戴着公鸡羽毛装饰的帽子、佩着公猪皮缠绕的宝剑招摇过市。为啥这么装扮?因为公鸡和公猪都很勇猛,把这两样东西装饰到身上,岂不显得更勇敢?

孔子跟子路说:"你这样不行啊,还是跟我来学习吧。"子路却说:"南山有一种竹子,长得笔直,削尖后射出去,就能穿透坚韧的犀牛皮。有这样的天赋在身,还有必要学习吗?"

子路的意思,自然是说自己天资很好、不需要学习。孔子微微一笑:"你看,如果我们把这支箭尾部安上羽毛、头部装上箭头并磨尖,不是能射得更远更深吗?"子路一听,太有道理了。他深为折服,于是就拜了孔子为师。

对待子路这样的勇武之人,孔子采取的办法是循循善诱。对待优柔寡断的学生,孔子用的又是另一种思路。

一次,冉有问孔子:"如果听到一个主张很好,应该马上干起来吗?"孔子说:"既然很好,当然要马上动手干。"凑巧,子路也问了这个问题,孔子却回答:"尽管很好,但家里长辈都在,他们经验、阅历更丰富,哪能不问问他们的意见就先动手干呢?"

这两个截然不同的答复,把公西华给搞糊涂了。他疑惑地问孔子:"老师,一样的问题,为何有两个不同的答案?"孔子说:"很简单啊。冉有这个人,遇事犹豫不决,所以要鼓励他;子路呢,做事轻率、容易冲动,所以要拦一拦他,让他慎重一些。"

孔子这种根据学生特点采用不同方法进行教育的思想,被称作"因材施教"。

在当时,学校都是官府创办的,贵族子弟才有上学的权利。孔子打破这一惯例,创办私学(即私人学校),无论贵族还是平民子弟,都可以到他那里求学,这叫"有教无类"。

孔子诲人不倦,先后教过三千余名学生,其中学业比较精、

不懂变通

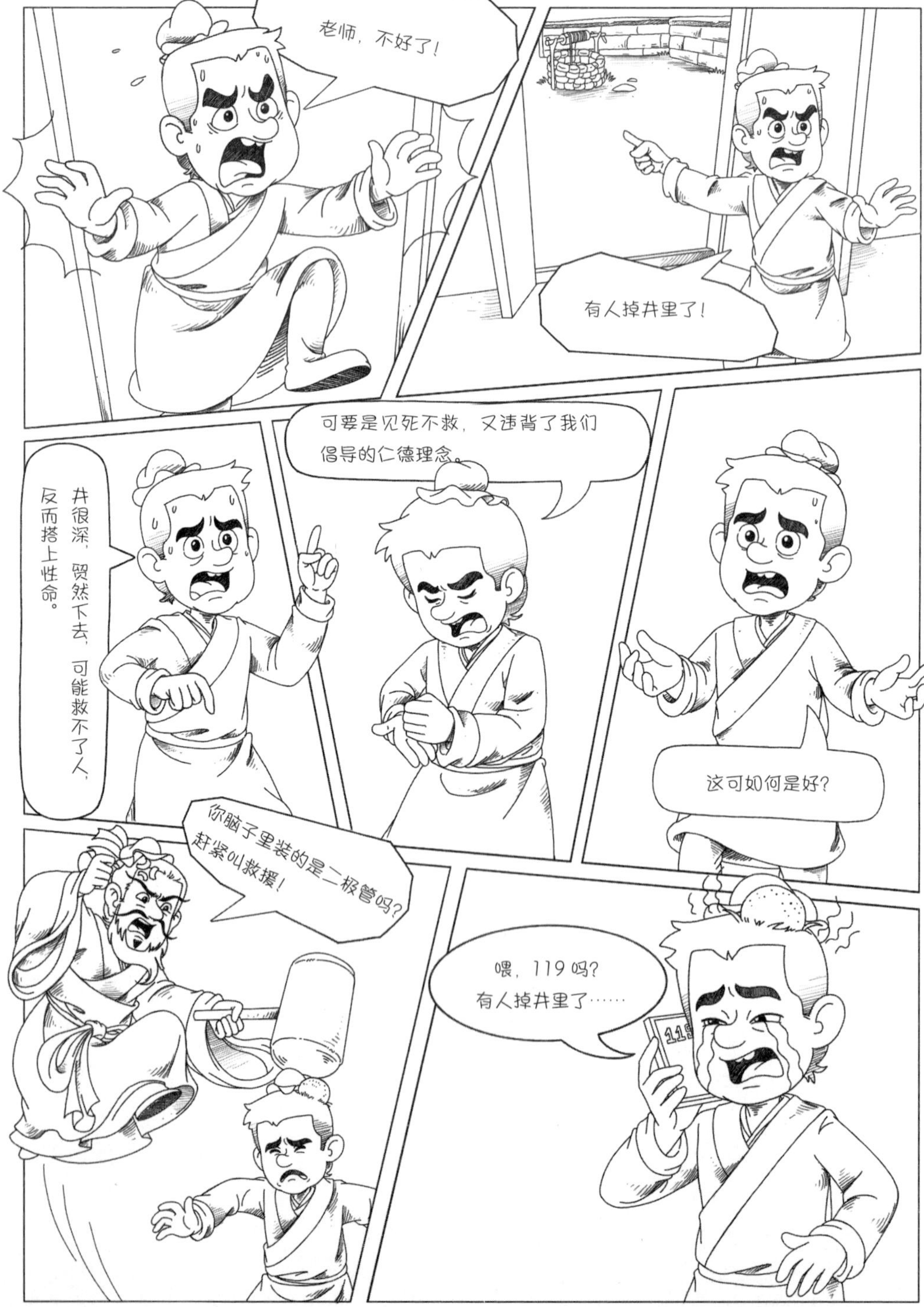

成就比较大的有七十二人。而孔子，因为高尚的品德，以及在教育事业上的开创之举和卓越贡献，被奉为"万世师表"。如今，我们在各地的孔子庙，都会看到这样一块"万世师表"的匾额。

注：

① 椁：guǒ，古时王公贵族的棺材有两层或多层，最里面的叫棺，外层的或多层的叫椁。

联系与思考

百折不悔，坚韧乐观

孔子一生都在为恢复周礼、施行仁政而努力。他周游列国，奔波十余年，挫折连连，好几次险些丢掉性命，却百折不悔、初心不改。到最后，垂垂老矣，想到的还是著书立说，把自己的理念流传下去。

他的这份坚守与执着，最终开枝散叶，造就了中国读书人温文尔雅的精神气质，"修身齐家治国平天下"的宏伟目标，以及"为天地立心，为生民立命，为往圣继绝学，为万世开太平"的终极使命。千百年后，我们读到儒家历代先贤的这些话，还能深受感动，愿意为之奋斗。这是多么了不起的事情啊。

课本延伸

出处： 二年级上册·语文园地二·日积月累·名言名句

己所不欲，勿施于人

这句话出自《论语》，原文是：

> 子贡问曰："有一言而可以终身行之者乎？"子曰："其恕乎！己所不欲，勿施于人。"

子贡向孔子问道："有没有哪一个字，可以终身奉行的？"孔子说："大概只有'恕'这个字了吧，也就是自己不愿意的事，不要强加给别人。"

"己所不欲，勿施于人"，是孔子对"恕"这个字的诠释。具体来说，就是与人为善，以仁爱之心待人，能够推己及人、将心比心，能替别人着想、成人之美。这是儒家待人的一条准则，也能为我们处理人际关系提供借鉴。

拓展阅读

六 艺

六艺,是古代教育中要求学生掌握的六种基本才能,即礼、乐、射、御、书、数。

礼,是指礼仪;乐,是指六乐,即六种用于祭祀的乐舞;射,即射箭,指军事技能;御,即驾驭马车、战车的技能;书,指书法,即识字、书写技能;数,即术数,是指数学和计算技能。

其中,书、数为小艺,是初级课程;礼、乐、射、御为大艺,是高级课程。

孟子：儒家学术"代言人"

人物小传

孟子，名轲，字子舆，战国时期鲁国邹（今山东省邹城）人，约出生于公元前372年，逝世于公元前289年。孟子是中国古代思想家、哲学家、政治家、教育家，儒家学派代表人物，与孔子并称"孔孟"，被尊为"亚圣"。

人物故事

孟母三迁

孟子很小的时候，父亲就去世了，他跟母亲相依为命。母亲非常注意对孟子的教育，想让他学有所成。但是孟子很贪玩，还总喜欢模仿大人。

一开始，他们家附近有一片墓地，经常有些出殡送葬的事情，吹吹打打，很是热闹。孟子觉得好玩，就招呼一帮小朋友，学着大人的样子，在地上堆起土堆当坟，在那里玩哭丧的游戏。

孟子的母亲看在眼里，心想："这样下去不行啊！我们不能再住在这里了。"于是，她把家搬到集市上。

谁知道集市上更闹腾，每天从早到晚吆喝叫卖的、迎来送往的、讨价还价的，没个消停。这还不算，没过多久，孟母发现，孟子居然学起了那些生意人，今天拿一块石头说是绝世美玉，明天拿一把木剑说谁出的价高卖给谁。

孟母觉得，孩子老这样玩也不行，她决定再次搬家。这回，她把家搬到学宫①旁边。

每逢重要日子，学宫会举行盛大的祭祀活动，官员们穿戴整齐依次行礼，气氛庄严肃穆。平时，学子们在此求学论道，大家温良恭让、文质彬彬。

孟子受到感染，开始变得懂礼貌、守秩序，也爱读书了。孟母非常高兴，说："这个地方，才是我们应该住的地方啊！"

断织喻学

孟子上学以后，有时难免玩性不改，不能专心学习，甚至还逃学。

一次，他放学回家，母亲问他："今天学得怎么样？"孟子漫不经心地回答："跟以前一样，就那样吧。"母亲一听，知道他又没好好学，非常生气，就拿起剪刀，把织布机上织了一半的布"喀嚓喀嚓"几下剪断了。

孟子吓了一跳，慌忙问："您这是怎么了？为什么发这么大的火？"

母亲说："一丝一线织成这匹布，有多久多艰难，你是知道的吧？现在把它剪断了，想再接上，容易吗？上学也是一样，要靠一点一滴积累。你这样三天打鱼两天晒网，总是半途而废，能攒得来学问吗？"

孟子听了，非常惭愧。从那以后，他再也不三心二意了，每日勤学苦读，后来终于成为大学问家。

博学善谏[②]（jiàn）

孟子学识渊博，非常善于利用比喻来劝谏，使君主和官员认识到自己的错误。

为了体察民情，孟子经常四处远游。一次，孟子来到平陆。平陆是齐国一个偏僻的邑[③]（yì），大概在如今山东汶上县以北地区。当时，平陆是齐国的五都之一，主政的官员是大夫孔距心。

到了平陆邑，孟子发现，这里的老百姓生活得很糟糕。于是，他找到孔距心，跟他说："我看您这里披甲持戟[④]（jǐ）的士兵很威武啊！如果有一个士兵三番五次掉队，您会开除他吗？"

孔距心说："还等到三番五次？一次我就开除他！"

孟子点了点头，话锋一转："我看您'掉队'的地方也不少啊。

灾荒年月，您治下的百姓，老弱病死饿死、抛尸荒野，青壮年流离失所、四处逃散，怕是有几千人了吧？"

孔距心一听他扯到自己身上，连连摆手："这可不是我一个地方官能解决得了的事情。"

孟子说："那好，我再问您一个问题：有一个人答应帮别人放牧牛羊，他肯定要尽心寻找牧场和草料吧。如果找不到，他是把牛羊还给别人呢，还是干站在那里看着牛羊饿死？"

这下子，孔距心无话可说，只好老老实实承认是自己失职了。

士兵掉队是失职，地方官让百姓饿死病死、流离失所，自然也是失职。帮别人放牧牛羊，如果没能力放好，就得赶紧把牛羊还给人家，让更有能力的人去放牧。同样，帮国君治理地方，如果没能力做好，就赶紧让贤，不要一边占着位置无所作为，一边推卸责任怨天怨地。孟子只用了两个简简单单的小故事，就把道理说得明明白白，让孔距心心服口服。

后来，孟子见到齐国国君，跟他说："大王您手下的地方大员，我认识五位，其中只有孔距心能认识到自己的过错。"接着便把他与孔距心的对话复述了一遍。齐国国君听完后，很惭愧地说："没能把齐国治理好，这也是我的过错啊！"

注：

①学宫，即官方创办的学校。古代的学宫，一般具有祭祀和教育双重功能。

②谏，规劝、劝告的意思，一般用于下级对上级、晚辈对长辈。

③邑，古代的行政区划，本意是有人居住的城市，一般指城市、都城。

④甲指盔甲，戟是青铜制作的一种融戈、矛为一体的长柄兵器。披甲持戟，即穿着盔甲、手执长戟。

联系与思考

近朱者赤

有个成语，叫"近朱者赤，近墨者黑"。朱是指朱砂，一种红色颜料；墨是指墨水。这句话本意是靠近朱砂的东西会变红，靠近墨水的会变黑。它暗含的意思则是说，接近好人可以使人变好，接近坏人可以使人变坏；也就是说，客观环境对人有很大影响。

孟母三迁的故事，正好体现了这一点。人的行为和个性会受到周围环境的影响，而这种影响可能是积极的，也可能是消极的。我们必须时时提醒自己，不要交不好的朋友，不要去不好的地方。同时也要警醒自己，不要做那个"墨"，不要带不好的头，不要做负责典型。这样，我们才能成为更好的自己。

> 课本延伸

出处：二上·语文园地二·日积月累·名言名句

不以规矩，不能成方圆

出自《孟子·离娄上》，原句是"离娄之明，公输子之巧，不以规矩，不能成方圆"。

离娄，相传是黄帝时视力极好的人。公输子，即公输班，他是鲁国人，所以也被称为鲁班，是春秋时的能工巧匠。规，即圆规，是画圆形用的工具；矩，即尺子，是用来画方形的工具。

这句话的意思是说，即便离娄眼神很好、公输班手很巧，如果没有圆规和尺子，他们也画不出规整的圆形和方形。孟子用这个例子来比喻，做事必须要遵循一定的法则。

后来，"规矩"一词就被用来借指"一定的标准、法则或习惯"。"不以规矩,不能成方圆"也演变成一句俗语——"没有规矩，不成方圆"，意思是做任何事情，都要合乎一定的法则，否则就不能成功。

拓展阅读

"诸子百家"与"百家争鸣"

"诸子百家"这个词,大家可能见到过。那它是什么意思呢?其实,它是"诸子"和"百家"的合称。

所谓"百家",指的是先秦到汉初涌现的各种思想流派或学派。"百"是虚指,表示很多。实际上也确实多,据统计,这段时间能以著作形式表达学术观点的就有180多家,更别提那些力量比较小、没有形成著作的流派。其中,声音比较响亮、影响比较大的流派有10家左右,如儒家、道家、法家、墨家、纵横家、杂家等。

而"诸子",指的是各学派或思想流派的代表性人物,如儒家的孔子、孟子,道家的老子、庄子,法家的韩非子,墨家的墨子、杂家的吕不韦等。"子",是古代对男子的美称或尊称。

这么多流派竞相宣传自己的主张、思想,热烈争辩、相互争鸣,极大地促进了思想的解放和文化的发展,因而也成就了历史上的一大盛况——"百家争鸣"。

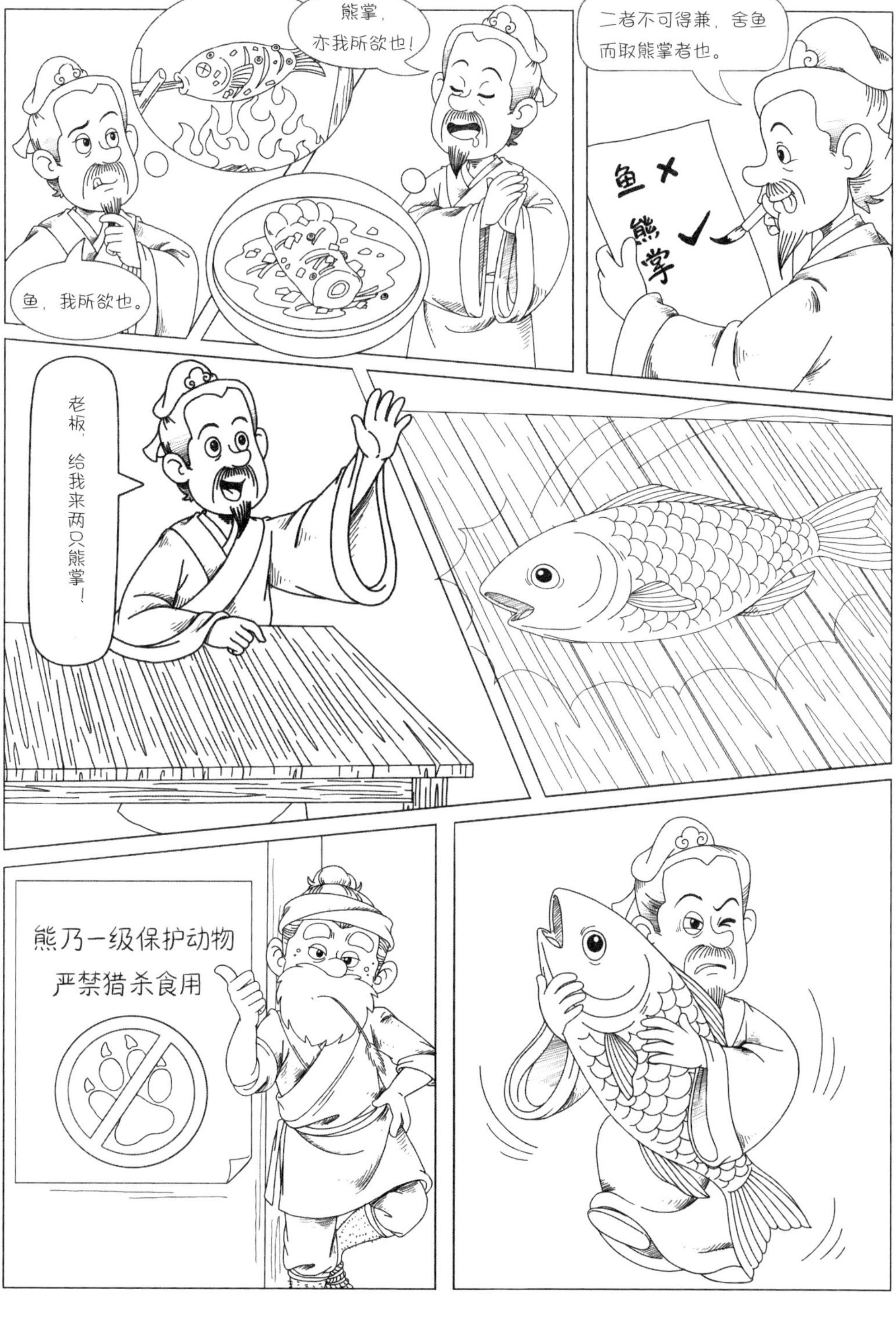

庄子：天地之间任逍遥

人物小传

庄子，名周，战国时期宋国蒙（今河南商丘东北）人，约出生于公元前369年，逝世于公元前286年，是战国中期的思想家、哲学家、文学家。庄子继承和发展了老子的"道法自然"观点，是道家学派代表人物，与老子并称"老庄"。

人物故事

寓言大师

庄子非常善于利用寓言，也就是以讲小故事的形式，来表达、阐述自己的思想。

话说庄子有个老乡叫惠子①，在魏国当相国②。一次，庄子准备到魏国的国都大梁③去看望惠子。消息传出去后,有人跑到惠子那里说:"庄子这次来大梁,可能是要取代你的位置的,你要当心啊!"

惠子听了很是紧张,就派人在都城内搜寻庄子,结果找了三天三夜,根本没找着。闹出这么大的动静,庄子自然知道了,于是主动去见惠子,对他说:"我来的路上,听说了一件可笑的事,你想不想听听?"

庄子就讲了,说南方有一种鸟,名字叫鹓鶵④(yuān chú),它从南海飞向北海,途中只在梧桐树上歇息,只吃竹子结的果实、喝清凉甘甜的泉水,否则宁愿忍饥挨饿。有一只鹞(yào)鹰,不知从哪里弄来一只死老鼠,正蹲在荆棘丛中吃得津津有味。

忽然看见鹓鸰从上空飞过，顿时紧张得不得了，赶紧护住死老鼠，大声叫道："喂，别想来抢我的美食啊！"

庄子讲这故事，意思再明显不过。人各有志，他才看不上惠子的相国之位呢。

还有个故事，也是关于惠子的。

惠子向庄子说："魏王送了我一粒葫芦籽，我把它种下去之后，结的葫芦超级大，能装五石⑤（dàn）粮食！可是，这么大的葫芦感觉没啥用。拿它装水吧，葫芦壁太薄，搞不好就破了；把它锯开当瓢吧，又到哪儿去找那么大的缸？"

庄子听了，说："先不说葫芦，我这儿有个故事，讲给你听听。"

宋国有一户人家，会制作不龟⑥（jūn）手之药，这东西类似现在的护手霜，冬天涂在手上，能防止冻疮。靠着家传的秘方，这户人家以给人洗衣服为生，冬天不怕冻手，在给人洗衣业务上很有一些优势。

有一个外地的客商听说之后，花大价钱向这户人家买了不龟手药的秘方。一扭头，这客商就把秘方献给吴王。当时，南方的吴国和越国正在打仗。南方多水，冬天湿冷难耐，士兵容易得冻疮，以致影响战斗力。吴国配制了大量不龟手药，发给士兵使用，将越国打得大败。那个献秘方的客商，自然得到大大的奖赏，获得一块封地。

讲完故事，庄子说："你看，同样是不龟手药，有人只能用来洗衣服，有人却靠它获得封地。你有那么大个葫芦，干吗老想着装水？为什么不拿它当浮舟，在江湖上尽情漂游呢？"

庄子又一次用故事把惠子嘲讽了一番。

思辨之乐

庄子与惠子的一些辩论，也很有趣。

一天，庄子和惠子在濠水的桥上散步。庄子看着水里游来游去的鱼儿，感慨地说："鱼儿在水里自由自在，多快乐啊。"

惠子立马反驳："子非鱼，安知鱼之乐？"你不是鱼，怎么知道鱼儿是快乐的？庄子反应更快："子非我，安知我不知鱼之乐？"你又不是我，怎么知道我知不知道鱼儿的快乐？

惠子说："我非子，固不知子矣；子固非鱼也，子之不知鱼之乐，全矣！"我不是你，当然不了解你；你不是鱼，当然也不知道鱼是否快乐。惠子这话说得滴水不漏。

庄子一看不太好往下辩，赶紧打住："你刚怎么问来着？你说'汝[⑦]（rǔ）安知鱼之乐'，那就是默认我知道'鱼之乐'，你这只不过是问我在哪儿知道的。现在我告诉你答案，我就是在这濠水的桥上知道的。"

惠子的辩论注重逻辑和分析，庄子则有点智辩的味道了。最后他抠住一个"安"字进行诡辩，因为"安"当副词时表示疑问，相当于"岂""怎么"；当代词则有"哪里""何处"的意思。估计当时惠子听了这个回答，只能翻白眼吧。

庄子和惠子还辩论过有用和无用的话题。

惠子对庄子说："你的言论没用。"庄子说："懂得没用，才

031

漫画小剧场

智辩与诡辩

庄子　惠子

鱼儿，鱼儿，真快活！

你又不是鱼，你怎么知道鱼儿是快乐的？

我不是你，自然不知道你知不知道鱼儿是否快乐，同理，你不是鱼，自然无法知道鱼儿快不快乐了！

你又不是我，你怎么知道我知不知道鱼儿快乐？

不对！你问我"怎么知道鱼儿是快乐的"前提是已经确认"鱼儿是快乐的"。

所以呢？

所以，你的问题其实是我"怎么知道"。换句话说，你是想问我"从哪里知道的"。

是又怎样？

那就简单了，听着，现在我告诉你，我就是在这儿知道的！

这也行？

能谈论有用。大地那么宽广，人所占据的不过是脚下踏的那一小块。假如只留脚下那一小块地，把其他地方都挖掉，那么大地对人还有用吗？"惠子说："肯定没用了。"庄子说："对啊，这不正说明'没用'也是'有用'吗？"

小朋友，"没用"怎么就变成"有用"了？这个弯你转过来了吗？

淡看生死

惠子去世以后，庄子路过惠子的墓地，有些伤感，就向周围的人讲了个故事：

楚国有一位名字叫石的匠人，一斧头下去，能削掉别人鼻尖的泥点，而不伤到皮肉。楚国国君听说了，召他去表演。匠石说："我确实是可以。但现在没办法再展示，因为敢站在那里让我削的那个人，已经去世了。"

讲完故事，庄子感叹道："自从惠子死后，我再也没有对手了，再也没有能与我辩论的人了！"

其实，对待生死，庄子一向是非常淡然的。

早先，庄子的夫人去世，惠子前去吊唁。他进门一看，庄子坐在棺材旁，叉着腿，一边拍着瓦盆，一边大声唱歌。惠子责备道："好歹夫妻一场，现在她去世了，你不哭倒也罢了，居然敲盆唱歌。你不觉得太过分吗？"

庄子说："你错了，我当然悲伤。但是，仔细一想啊，人本就是从自然中来，最终要回到自然中去。现在她即将回到天地的怀抱，如果我悲伤痛哭，那不是太不懂得生命的道理吗？"

后来，庄子自己也快要死了，弥留之际，弟子们商议要给他厚葬。庄子说："千万别，把我的遗体丢到山野里就可以。那样的话，天地就是我的棺椁，日月星辰就是墓室的装饰，万物都可以成为我的陪葬。这些难道还不够吗？"

弟子们说："我们担心乌鸦会啄食先生的遗体，那可就不好了。"庄子说："埋到地下去，还不是会被蚂蚁啃食？你们夺走乌鸦的食物交给蚂蚁，也太偏心了吧！"

临死还在拿身后事开玩笑，庄子可真算是活得洒脱、超然。

注：

①惠子，名施，战国中期宋国人，名家学派的创始人和主要代表人物，也是庄子的好友。

②相国，古代官名。春秋战国时期，除楚国外，各国都设相国，也称相邦或丞相、宰相，是百官中最高的职务。后世朝代也多有设置，但在不同时期，职责稍有差异。

③大梁，古代地名，位于今河南省开封市西北。

④鹓鶵，传说中的五凤之一，是凤凰一类的鸟，体表金色或黄色，被认为是一种瑞鸟。

⑤石，古代的容量和重量单位。用作容量时，十升为一斗，十斗为一石。用作重量单位时，三十斤为一钧，四钧为一石。

⑥龟，同"皲（jūn）"，即皲裂，手足的皮肤被冻裂。

⑦汝，文言中的代词，表示第二人称，相当于"你"。

联系与思考

人各有志

每个人都有自己的理想、信念和追求。就好比庄子志在做一只鹓鶵，逍遥于天地之间，不受任何束缚和限制。而惠子在意于他的相国之位，希望发挥自己的才智，做出自己的贡献。这本没有高下之分，但是，如果不能自我进步、不断超越自己，而是固步自封、心胸狭隘、生怕别人来竞争，那就会落入下乘、遭人耻笑。

课本延伸

出处：二上·课文 12·坐井观天

坐井观天

这个故事的原型出自《庄子·秋水》。

在《秋水》篇里，庄子借公子牟之口，讲了一个井底之蛙的故事：这只井蛙向来自东海的大鳖炫耀生活在井底的种种优越，然后热情地邀请大鳖到井底感受一番。谁知大鳖刚把左前爪伸进井口，右前爪就被井栏给绊住了。无奈之下，大鳖只好把爪子抽出来，说："我劝你还是到海边去看一看吧，那才是真正的自由自在啊。"

这个故事衍化出一个成语，即"井底之蛙"，用来比喻那些见识短浅的人。

后来，唐朝的韩愈在《原道》里化用这个典故，说："坐井而观天，曰天小者，非天小也。"由此又形成一个成语"坐井观天"，用来比喻眼界狭小、见识少。

拓展阅读

鲲　鹏

《庄子·逍遥游》开篇就写道："北冥有鱼，其名为鲲。鲲之大，不知其几千里也。化而为鸟，其名为鹏。鹏之背，不知其几千里也。"这里说的鲲鹏，是传说中的一种神兽。它在海里时是大鱼，名为鲲；飞上天化为大鸟，名为鹏。

鲲鹏这个名字最早出现在《列子·汤问》中，到《庄子·逍遥游》中形象丰富了起来。概括来说，鲲鹏的特点就是大——在海里为鲲时，身子有几千里宽；飞上天变成大鹏，脊背有几千里长。它的力气也大，翅膀拍打水面，能激起三千里的浪涛。鲲鹏志向高远，它要乘着六月的风离开北海，扶摇直上九万里高空，飞到南方的大海去。

这种雄奇的想象、雄伟的气魄、非凡的英姿，早已深深烙印在中华文化血脉之中。"鲲鹏"也从此成为志趣高远、精神豪迈、超越自身、追求自由的象征。

顺带说一句，我国自行研制的新一代军用大型运输机运-20，代号就是"鲲鹏"。你觉得这个代号寄托了什么寓意？

墨子：要和平不要战争

人物小传

墨子，名翟（dí），战国初期宋国人，也有说法认为他是鲁阳人或滕（téng）国人。约出生于公元前468年，逝世于公元前376年。墨子主张"兼爱""非攻"等思想，是墨家学派的创始人和主要代表人物。

人物故事

墨子止战

公输盘①是战国时期有名的工匠，楚王请他设计一种攻城用的云梯。云梯建造完成之日，就是楚王发兵攻打宋国之时。

墨子听说以后，准备阻止这场战争。

他蒸了一锅窝窝头，用包袱装起来背在背上，然后穿上草鞋，连夜就出发了。

墨子一连走了十天十夜，终于赶到楚国的都城郢[②]（yǐng）都，见到了公输盘。

公输盘很客气，问墨子："先生大老远来找我，不知有何指教？"

墨子说："也没什么大事，就是北边有个人侮辱我，我想请你帮我杀了他。"

公输盘一听，脸色黑了下来。

墨子又说："我不让你白帮忙，可以给你十斤金子[③]。"

公输盘这下真生气了，叫道："你把我当什么人了？我怎么能不顾道义随便杀人？"

墨子站起来，郑重地向公输盘行了个礼，说："既然如此，咱们可要好好说道说道了——我在北边听说，你帮楚王建造了大量云梯，准备攻打宋国。不知宋国有什么罪过呢？楚国地广人稀，宁愿牺牲珍贵的人口去抢夺富余的土地，算不上明智吧？宋国无罪，你们发兵去攻，也算不上仁义吧？明知这事不对，你不去劝阻，算不上忠诚；如果你劝了，没能阻止楚王，那你就算不上有能耐。还有，我让你帮忙杀个人，你跟我讲道义；你造云梯帮助楚国去攻打宋国，不知要死多少人，这又算哪门子道义呢？"

公输盘被说得哑口无言。

墨子见状，说："那么，就把造云梯这事给停了吧。"

公输盘摇摇头："不行，楚王已经决定攻打宋国了。"

墨子说："这样吧，你帮忙引荐一下，我亲自向楚王说。"

在公输盘的引荐下，墨子见到了楚王。

墨子说："大王啊，有这么一个人，不知您听说没有？他放着自己豪华的轿车不坐，老想偷邻居的破车；自己华丽的丝绸袍子不穿，老惦记着邻居的粗布短袖；自家的美食佳肴不吃，老想着把邻居的粗粮野菜弄过来。您觉得这个人怎么样？"

楚王张大嘴巴，好半天才说："这人怕不是得了偷东西的病吧？"

墨子继续说："楚国有土地方圆五千里，宋国不过五百里，这好比豪车与破车；楚国有云梦大泽④，鱼鳖禽兽应有尽有，宋国连野鸡、兔子、狐狸都没有，这就好比佳肴与糟糠；楚国有各种名贵木材，宋国连棵大树都没有，这就好比绫罗绸缎与粗

布麻衣。楚国攻打宋国，不就跟那个得了偷窃病的人一样可笑吗？"

楚王点点头，道："说得好！我知道你的意思了。不过，公输盘为我造了云梯，攻打宋国这事已经箭在弦上，停不下来了。"

墨子笑了："莫非大王觉得，有了云梯就胜算在握？不如把公输盘叫来，我们演练一下吧。"

于是，双方当场进行了一场实战推演。

墨子把腰带解下来，围作城池的样子，用小木块当防守的器械。公输盘扮演攻方，利用各种精巧的机械攻城。连续推演多次，公输盘所有的办法都用尽了，墨子还游刃有余。

公输盘知道自己不是墨子的对手，却仍心有不甘。他故意说道："我知道用什么办法对付你，但我就是不说。"

墨子说："我知道你想用什么办法对付我，我也不说。"

楚王一头雾水："你俩就别卖关子了，到底是什么办法？"

墨子笑道："很简单，公输盘不过是想杀掉我而已。他可能觉得，没了我，宋国就无人防守。其实我来之前，已经命弟子们按我的办法，在宋国城池上做好了准备。现在，他们估计正严阵以待呢！"

楚王听了，知道攻打宋国这事确实没什么戏了，只好作罢。

墨子凭借一己之力，为宋国化解了这场危机，却没有几个人知道。他返程的时候，路过宋国一个小村庄，不巧下起了雨。墨子想进去避一避雨，守门的人却生怕他是楚国奸细，冷冷地拒绝了他。

通过智谋将祸患消弭于无形的人,大多默默无闻,没人知道他的功绩;而那些在明处争斗的人,哪怕只取得一点点胜果,也会弄得人尽皆知。这真是"治于神者,众人不知其功;争于明者,众人知之"啊!

注:

①公输盘,即鲁班。公输是姓,盘是名字,也写作"般"或"班",因为他是鲁国人,人们习惯称他为"鲁班"。

②楚国都城经过多次搬迁,都称为"郢"。据考证,最初的郢都在今湖北省荆州市江陵县西北的纪南城。

③战国时的"金",一般是指跟金子有相似颜色的铜。

④先秦时期,江汉平原上有一个巨大的湖泊群,称为云梦泽或云梦大泽。云梦泽地域广阔,湖泊众多,山林、湿地夹杂其中,物产丰饶。后来,因气候变迁和长江、汉江带来的泥沙沉积,云梦泽逐渐缩小、分解,最终消失。

联系与思考

实力才是坚强后盾

想一想,墨子到底是靠什么阻止了这场大战?靠道德感化吗?不是。公输盘借口楚王已经决心伐宋,轻易就将道义的包袱给扔掉了。靠谈判、辩论吗?也不是。哪怕实战推演显示楚国并无胜算，楚王和公输盘还是想靠下三烂的招数（杀掉墨子）搏一搏。

说到底，实力才是坚强的后盾。当墨子亮出底牌，说他的几百名弟子已经在宋国做好备战，楚王才无奈地打消伐宋的念头。有句话叫"战场上得不到的，谈判桌上也休想得到"，表达的正是这个意思。

课本延伸

出处：三上·语文园地·日积月累·名言名句

爱人若爱其身

这句话出自《墨子·兼爱上》，原文说："若使天下兼相爱，爱人若爱其身，犹有不孝者乎？……"意思是说，如果天下的人都能相亲相爱，爱别人就像爱自己，那么就会减少许多矛盾和冲突，人们就会生活在安宁和平的环境中。

墨子主张"兼爱""非攻"。所谓"兼爱"，就是要求大家相互关爱，相互帮助；"非攻"，就是反对战争，尤其是以大欺小、以强凌弱的战争。墨子在两千多年前，就旗帜鲜明地反对战争，倡导和平，并努力践行，这是多么难能可贵啊！

> 拓展阅读

墨守成规

很多小朋友不理解，这个成语里为什么是"墨水"的"墨"，而不是"默默"的"默"；是"完成"的"成"，而不是"陈旧"的"陈"。

其实，这个"墨"指的是墨子。"墨守"是"墨翟之守"的简化说法。"墨翟之守"也是一个成语，古籍中还可以找到它。墨子非常善于防守，所以人们就用"墨翟之守"来指代"坚固、严密的防守"。

相应的，"成规"指的是墨家的规章制度、组织法则和防守方法等条文性的东西，后来用来指代现成的或久已通行的规则、方法。"成"在这里的意思是"固定的、现成的"，跟"陈旧"并没有什么关系。

"墨守成规"本是个褒义词。但随着墨家学说的式微，它在使用中语义逐渐发生改变，成为"因循守旧"的同义词，用来表示固守成见、不知变通。

"墨子号"卫星

"墨子号"卫星，是我国在 2016 年 8 月发射的一颗量子科学试验卫星，用来进行跟量子有关的科学试验，是世界上第一颗量子卫星。

为什么用"墨子"命名呢？这是因为，墨子不光是伟大的思想家、哲学家，还是一位了不起的科学家。

墨子及墨家的代表作《墨经》里，记载了世界上第一个"小孔成像"实验，并解释了小孔成倒像的原因，即光是沿直线传播的——这是光学中非常重要的一条原理。

除此之外，墨子还记录了光的反射，平面镜、凹镜和凸镜成像情况，探讨了光与影子的关系。《墨经》里还有圆、线、面等几何内容，杠杆、滑轮、浮力等力学内容。

用"墨子号"来命名量子科学试验卫星，体现了对墨子探索精神的致敬和礼赞。

屈原：上下求索的爱国诗人

人物小传

屈原（约前340年～前278年），名平，字原，战国时期楚国丹阳秭归（今湖北省宜昌市）人。他是"楚辞"这一诗歌体裁的创立者和代表作家，被誉为"楚辞之祖"。是中国浪漫主义文学的奠基人，伟大的爱国诗人。

人物故事

君臣生隙

战国末期，西边的秦国日益强大，时常攻击其他诸侯国，毫不掩饰向外扩张的野心。

当时，屈原担任楚国国君楚怀王的左徒[①]。鉴于当时形势，他主张，对内要进行改革、任人唯贤、发展国力；对外要联合东边强大的齐国，组成攻守同盟。只有这样，才能抵御秦国。

其实，屈原并不姓屈，而是和楚王一样姓芈（mǐ），跟楚国国君同宗。屈原的祖上被封在"屈"这个地方，他这一族就以"屈"为氏——而楚国国君是熊氏。依当时的规则，男子称氏不称姓，所以屈原不能叫芈原。

或许出于这个原因，怀王很信任屈原，很多事情都交给他处理。《史记》中说，屈原"入则与王图议国事，以出号令；出则接遇宾客，应对诸侯"。可见，他不仅要参与政事，还负责外交，可谓肱股（gōng gǔ）之臣[2]。

在屈原的努力下，联盟的事情进展得很顺利。公元前318年，楚、齐、燕、赵、韩、魏，一共六个诸侯国，结成联盟。六国国君齐聚楚国都城郢（yǐng）都，推举怀王为联盟领袖，共同对抗强秦。

屈原的内政改革也如火如荼（tú）地进行着。按他的构想，那些尸位素餐[3]的官僚、贵族，可就没什么好日子过了。所以，这拨人激烈反对改革，挖空心思攻击、诬陷屈原。上官大夫靳尚就是其中一个。

靳尚是一个非常擅长揣摩人心的人。靳尚知道怀王毫无主见又自以为是，最恨别人不把他放在眼里。一天，靳尚跑到怀王面前，添油加醋地说："大王啊，您让屈原起草宪令[4]，可他倒好，每一项法令出台，就夸耀自己的功劳，说除了他没人能办成此事。屈原这小子太狂妄了！要不是您下令，能有他什么事啊？"

怀王听了，表面上没什么，心里却很恼火。打这以后，他看屈原开始有点不顺眼了。

悲愤《离骚》

  对于楚、齐等六国结成联盟这事，秦国一直非常忌惮。现在楚国因为改革闹得朝堂不合，正好给了秦国机会。秦国相国张仪向秦王请缨，愿意前往楚国，破坏六国联盟。

  当然，张仪不会傻到把"破坏联盟"几个字写在脸上，他找了一个冠冕堂皇的理由：游说楚王跟秦国联盟。再怎么说，楚国也是数一数二的大国，强强联合、天下无敌，这道理没错吧？

  到了郢都，张仪先去拜访屈原，提出秦楚联合的建议。毫不意外，屈原拒绝了。张仪又去见公子子兰。子兰是楚怀王的小儿子，也是反对屈原改革的头号人物。张仪对子兰说："怀王信任屈原，不就是因为六国联盟吗？如果秦楚结盟，屈原就没了倚仗。"

  子兰一听，正合心意，于是又引荐张仪拜见怀王最宠爱的王后郑袖。张仪出手大方，送上一对价值连城的玉璧，可把郑袖高兴坏了。等张仪说请她劝怀王接受秦楚联盟时，她想也没想就答应了。

  张仪趁热打铁，又去见怀王，说："只要大王同意跟秦国结盟，秦国愿意送您六百里土地。"怀王别的心眼没有，贪心倒是不少，他听到"六百里土地"，心里可就痒痒了。

怀王回到宫里，向郑袖说起这事。郑袖皱起眉头说："我听说屈原向秦国使者索要一对玉璧，秦国使者没答应，惹恼了屈原。恐怕他会反对吧？"怀王将信将疑。

第二天，怀王和群臣商讨跟秦国联盟之事，屈原果然强烈反对。他痛心疾首地说："大王千万不要糊涂，张仪的话怎么能信呢？他只不过是想用诡计破坏六国联盟罢了！"

怀王听到这刺耳的谏言，想想郑袖的话，又想想张仪许诺的六百里土地，顿时怒了，下令卫士把屈原拖出去。

撕毁六国盟约的后果，屈原再清楚不过了。可是，怀王被小人蒙蔽，利令智昏，怎么也喊不醒。悲愤之下，屈原创作了长诗《离骚》。所谓"离骚"，即遭受忧愁的意思。在这首长诗里，屈原表达了对自己忠诚遭到怀疑的愤懑，和对楚国前途的忧思。

这首诗流传出来后，子兰、靳尚又借题发挥，说屈原影射怀王是桀、纣[5]。怀王更生气了，干脆罢免了屈原的官职。

投江殉国

怀王答应了张仪的条件，喜滋滋地派人跟随张仪前往秦国接收六百里土地。可楚国使者一到秦国都城咸阳，张仪就假装跌了一跤，借口养伤，躲了起来。

三个月以后，确认六国联盟已经瓦解，张仪终于露面，对楚国使者说："我和楚王约定送他六里土地，现在去接收吧！"楚国使者大惊失色，这才意识到上了当。

怀王不甘心被耍，先后两次发兵讨伐秦国，却都战败，反而丢了不少土地。无奈之下，怀王只好召回屈原，让他出使齐国，想办法挽回楚齐联盟。

屈原二话没说，立即赶往齐国，费了无数口舌，取得齐王谅解。可是他返回楚国时，才得知怀王竟然又跟秦国议和了。碰到这么一个糊涂的国君，能怎么办呢？屈原只有嗟然长叹。

公元前303年，齐、韩、魏三国因楚国背叛盟约，联合攻打楚国。怀王以太子横为质子，请求秦国救援。第二年，太子横因为斗殴，杀死秦国一名官员，畏罪逃回楚国，秦楚联盟也告吹了。

这以后，秦国接连对楚国发动战争，楚国吃了不少败仗，国力一年不如一年。公元前299年，秦国又占了楚国北方八座城池。怀王不知如何是好，秦王却突然来信，邀他到武关会盟，商谈永世友好的办法。

武关在秦国境内，去，怕秦国有什么阴谋；不去，又怕秦国借机发难。去不去呢？怀王犹豫不决。屈原力劝他不要去，秦国如虎口，这险冒不得。子兰、靳尚等人却心存幻想，认为这个机会不能丢，怂恿怀王赴约。

怀王终究还是没听屈原的话，如约去了武关。他一去，就被秦国扣押起来。秦王压根儿没想和谈，只是诓他去做人质，逼迫楚国割让土地。怀王又怕又气，后来就病死在秦国。

太子横成为楚国新的国君，称楚顷襄王。子兰被任命为令尹，春风得意。而屈原，因为总是直言进谏，惹得新王不满。在子兰等人连番谗言之下，顷襄王将屈原流放江南。

公元前278年，秦军攻破楚国都城郢都。此时，屈原已经被流放16年。这些年，他写了大量诗歌，将一腔爱国热情倾注其中，期盼着有朝一日能重回郢都，继续报效国家。现在，郢都破了，屈原的心也碎了。

万念俱灰的屈原，纵身跳进奔流不息的汨罗江，以身殉国。这天正好是农历五月初五，为了纪念他，人们便将这天定为节日，称作端午节。

注：

①左徒，楚国特有的官名。据史料推测，属于级别较高的职位，职责大致有参议国家大事、接待宾客、处理外交事宜、草拟政令等。

②肱股之臣，这是一个成语，用来比喻重要的大臣或得力助手。"肱"指的是上臂，即从胳膊肘到肩膀的部分，"股"是指大腿。

③尸位素餐，指空占着职位、白吃闲饭，什么事也不做。

④宪令，指关于改革的法令、条文。

⑤桀、纣，桀是夏朝最后一个君主，纣是商朝最后一个君主，两人在位时都暴虐无道、导致国家灭亡。后来人们就用桀纣代指暴君、昏君。

联系与思考

"求索"精神

屈原通过"路漫漫其修远兮，吾将上下而求索"的诗句，表达了对理想的不懈追求。这种"求索"精神，成为后世仁人志士所信奉和追求的一种高尚精神，激励着一代又一代中国人，在科技、文化、艺术等各个领域取得举世瞩目的成就。

在现代社会，"求索"精神依然具有重要意义。随着科技的飞速发展，人类面临的未知领域越来越广阔，需要我们去探索、去发现、去创新。面对复杂多变的世界，我们也需要不断求知、不断进步，以适应时代的发展。

课本延伸

出处：一下·课文 10·端午粽

粽子与端午节

农历五月初五是传统节日端午节，为什么叫"端午"呢？

原来，农历以十二地支（即子、丑、寅、卯、辰、巳、午、未、申、酉、戌、亥）纪月，正月为寅月，五月便是午月。"端"是开端、开头的意思，所以"端午"其实是"端五"，即五月开端。因为"五""午"同音，端午节又被称为"重午节"或"重五节"。

在上古时期，端午节本是祭水神的日子。因为屈原在这一天投江殉国，人们也把它作为纪念屈原的日子。

据说屈原死后，百姓们到江边凭吊，将饭团投入江中，希望喂饱鱼虾，免得它们伤害屈原的遗体。但是，饭团都被江中的蛟龙吃掉。于是，人们又用楝叶包裹饭团，在外缠上彩线。蛟龙畏惧这两样东西，果然不再吃它。后来，这种食物不断改进，便成了粽子。端午节吃粽子，也成为一种习俗。

拓展阅读

"风骚"是什么意思

清代文学家赵翼有一句流传很广的诗，叫"江山代有才人出，各领风骚数百年"。句中"风骚"二字，你知道是什么意思吗？

实际上，这两个字本是两部作品的简称。"风"，指的是《诗经》中的《国风》。《国风》是周代各地民歌的汇总，分为15部，是《诗经》所有诗歌中最精华的部分。"骚"，指的就是屈原的《离骚》，这是屈原的代表作，也是楚辞的代表作。

总的来看，"风"是中国古代现实主义诗歌的源头，"骚"是浪漫主义诗歌的源头。所以，人们就把"风骚"两个字放在一起，用来指代诗歌，慢慢地也用来指代文学。

随着语言的流变,到了明清时期,"风骚"这个词有了"风光、光彩"的引申义。比如在某些方面领先,没有人能与之比肩,叫"独领风骚"。再后来,因为市井文化和通俗小说的兴起,这个词又跟"卖弄风情"联系起来,用来形容一个人举止轻佻。

韩非子：行走的"成语词典"

人物小传

韩非子（约前280年~前233年），姓韩，名非，又称韩子，韩国都城新郑（今河南省新郑市）人。战国思想家、哲学家、政论家和散文家，是法家思想的代表人物和集大成者。

人物故事

成语"故事机"

韩非是战国末期韩国的公子。那时候，豪门世家子弟才可以称公子，比如，我们熟知的有"战国四大公子"。

虽说韩国在战国七雄①中实力最弱，存在感稍低，但韩非好歹出身世家贵族，学识渊博、才华横溢，按理说可以大展抱负，成为时代风云人物。不幸的是，他有一个缺点——口吃，也就是说话有些结巴。

因为这个缺点，韩非在韩王面前很不受重视，空有一身学问无处施展。

韩非口才不行，在写作上却很有一手。于是，他便离开朝堂，专心在家著书立说。一来二去，他竟写出洋洋洒洒10多万字的作品，后人把这些作品整理编纂成《韩非子》一书。

老子的《道德经》，5000多字；孔子的《论语》，16000字左右；《孟子》是"四书"中篇幅最大一本，35000多字；《墨子》，在诸子百家著作里面算是字数非常多的了，有76000多字。

对比一下，就知道韩非子写作有多努力了。那么，他都写了些什么？

韩非是研究法家学问的，并总结出了一套自己的理论学说。他写的文章，主要是阐述自己的思想和观点。总结一下，有三个关键词，即"法""术""势"。

"法"指的是政策和法令；"术"是使用、贯彻"法"的方法和手段；"势"指的是权力和威势。韩非认为，只有把这三者结合起来，达到高度专制集权的效果，才能把国家治理好。

为了介绍自己的学说，韩非在写作时非常注重讲故事，喜欢用幽默生动、言简意赅的小故事来说理。没想到，这个写作习惯竟让他变成"成语创作大师"。

有人统计，出自《韩非子》的成语有150多个，像守株待兔、自相矛盾、滥竽充数、买椟还珠、老马识途、吹毛求疵、孤掌难鸣、寡不敌众、汗马功劳、一鸣惊人等等，都是非常常用的成语。离开它们，我们可能连话都不太会说了呢！

始皇帝导师

战国是一个混乱的时代，诸侯国之间征伐不断，大国总想吞并小国。在这些诸侯国中，秦国是一个强大的存在。经过商鞅（yāng）变法②，秦国国力大增，实力雄踞七国之首。

秦王嬴政是一位有雄图大志的国君，他看到韩非的部分著作后，非常欣赏，感叹道："我如果能见到这个人，跟他交流探讨一下，死也无憾了！"

巧的是，当时秦王嬴政手下有个大臣叫李斯，跟韩非是同学——两人曾同在荀子③门下求学。

李斯向秦王献了一个计策：征调大军奔赴秦、韩边境，假装要攻打韩国，韩国必定会派使臣来秦国讲和，到时候就可以趁机要求韩非来秦国了。

秦王依计而行。果然，韩王乖乖地把韩非派来觐见秦王。

见到韩非，秦王非常高兴。尽管韩非有些口吃，两人还是相谈甚欢。对于韩非的治国理政思想，秦王非常认同。

然而，韩非身上毕竟书生之气太浓，他对官场那一套也不熟悉。秦王对他的欣赏，反倒让他招到不少人的嫉恨。比如有个叫姚贾的，身份是外交家，工作是游走各诸侯国，专门破坏抗秦联盟。韩非把这类人列为五蠹④（dù）之一，双方自然不对付。

不久，发生了一件事，让对手们找到了攻击韩非的借口。

秦王要统一六国，向东扩张是早晚的事，但在先灭韩还是先灭赵的问题上，朝堂意见不一。韩非上书秦王，建议先攻打赵国。于是，李斯和姚贾趁机对秦王说："韩非是韩国公子，虽然身在秦国，心里想的却一直是韩国。如今大王要统一天下，留着他终究是个隐患。"

秦王被说动了，命人将韩非关进大牢。没过几天，他又后悔了，下令赦免韩非。但是为时已晚，李斯已抢先一步派人送去毒药，把韩非毒死在大牢里。

后来，韩非被人们尊称为韩非子。他虽然死了，秦王嬴政却采用他的思想理论治理国家，最终荡平六国，建立了中国历史上第一个大一统的中央集权制封建国家——秦朝。

注：

①战国七雄，指的是战国时期七个最强大的诸侯国，分别是秦、楚、齐、燕、赵、魏、韩。

②商鞅变法，是指商鞅在秦国实行的涉及政治、经济、军事的改革运动，重点有推行郡县制、奖励军功、重农抑商、重典治国等。所谓"变法"，即对国家的法令、制度等做的重大变革。商鞅变法使秦国发展成为战国后期一流强国。

③荀子，名况，战国末期儒家学派的代表人物。

④蠹，蛀虫，比喻祸国殃民的人。

联系与思考

扬长避短

韩非子有口吃的毛病，不善言谈。可是，他并没有因为这个短处而自怨自艾，而是潜心做学问、埋头著述，将自己的思想和观点写成文章，流传千古。

"金无足赤，人无完人。"我们没有必要纠结于自己的短处，在嗟叹中蹉跎时光。相应的，"尺有所短，寸有所长。"每个人都有自己独特的天赋和能力。充分认识并发挥专长，亮出自己闪亮的一面，同样会发出耀眼的光芒。

课本延伸

出处：三下·课文5·守株待兔

成语是怎么来的

"守株待兔"这则寓言，出自《韩非子·五蠹》。

原文中，韩非子讲完这个故事，还有一句评论："今欲以先王之政，治当世之民，皆守株之类也。"意思是说，假如现在还要用上古时期帝王的办法来治理百姓，就跟守株待兔的那个人一样可笑了。

韩非子讲这个故事,想要说的是,世易时移,世界是在不断变化的,某种办法或许一时有效,但不会一直有效,不能死守经验、不知变通。

那么,这个故事怎么就变成成语了呢?成语是什么意思?

其实很简单,成语就是经过长期使用、反复锤炼而形成的,具有深刻思想内涵、简短精辟、易记易用的固定短语。

韩非子在写《五蠹》时,只是把守着树桩等兔子这个故事当作论据。但是,这个故事太有代表性、生动形象,大家都喜欢引用、转述。渐渐地,它被概括成"守株待兔"四个字,成为一个约定俗成的词,变成了成语。

成语一般由四个字组成,大多有出处和典故,知道它们的来历,就不会写错、用错了。

拓展阅读

皇 帝

在秦朝之前,华夏大地的最高统治者要么称"皇",要么称"帝",要么称"王"。如上古时期有三皇五帝——三皇为燧人、伏羲、神农,五帝为黄帝、颛顼、帝喾、帝尧、帝舜。

到了周朝,周天子称"王",诸侯国国君称"公"或"侯"。周王朝末期,战国诸侯称"王",这其实是超越了本分,属于

漫画小剧场

龟兔赛跑与守株待兔

有一只兔子跟乌龟赛跑，结果……

乌龟赢了！

谁知道这是因为啥？

韩老师，我知道！

因为兔子跑得太快，一不小心撞在树桩上撞死了！

我……竟无言以对……

僭越（jiàn yuè）。

秦王嬴政统一六国、建立秦朝后，认为自己"德兼三皇，功盖五帝"，已有的称号无法匹配自己的功绩，于是把"三皇"的"皇"和"五帝"的"帝"合在一起，创造"皇帝"一词，作为自己的正式称号。因为他是华夏大地上第一位皇帝，所以又称始皇帝，俗称秦始皇。从此，"皇帝"成为中国封建社会最高统治者的专有称呼。

司马迁：无韵之离骚，开史家之先河

人物小传

司马迁（生卒年不详），字子长，左冯翊夏阳（今陕西韩城南）人。西汉史学家。他根据流传下来的史书、典籍、诸子百家著作，以及三次游历天下搜集的资料，创作出中国第一部纪传体通史《史记》。《史记》被誉为"史家之绝唱，无韵之离骚"，影响极为深远。

人物故事

忍辱写史

司马迁是汉景帝、汉武帝时候的人。他父亲司马谈在朝廷任太史令，负责记载史事、编写史书，以及掌管天文历法、祭祀等工作。司马谈一直有一个理想：编撰一部像《春秋》那样伟大的史书。受父亲影响，司马迁从小对历史十分感兴趣。

20岁那年，父亲给司马迁安排了一项任务——游历天下、寻访历史、考察风土人情。于是，司马迁从京城出发，一路向南，顺汉江而下，抵达长江，又到湘江。沿途每到一个地方，他都留心探讨历史遗迹、搜集民间传说佚闻，积累了大量第一手资料。

公元前110年，司马谈得了重病。那时，司马迁正出使西南。等他完成任务赶回来时，父亲已经快不行了。

临终前，父亲拉着司马迁的手说："自从孔子编修了《春秋》以后，诸侯并起、战乱频发，历史的记载便中断了。如今大汉建立、天下一统，作为史官，我却没能记下这段历史，心里十分遗憾，也十分不安。我死以后，你一定会当太史令，这个任务就交给你了。你可要记住啊！"司马迁流着泪说："您放心，

我一定完成您的愿望!"

果然,司马谈去世后,司马迁继任太史令。他开始着手编写这部史书。然而后来发生的一件事,差点儿将他的人生和信念击得粉碎。

公元前99年,汉武帝派将军李广利率兵攻打匈奴右贤王,命李陵为大军运送物资。李陵不甘心当个粮草官,请求率领一支5000人的小队从另一路进攻。汉武帝答应了他。谁知,李陵这一支小分队竟遭遇匈奴骑兵,被团团包围起来。粮尽箭绝之后,李陵被俘投降。

消息传来,汉武帝大怒,文武百官都骂李陵可耻,只有司马迁说:"李陵一向怀着报国之心,他只带领5000名步兵,却吸引了匈奴的主力,且奋勇杀敌1万多人。虽然战败降敌,他的功劳也是可以抵消过错的。而且,我认为李陵并非真心降敌,他肯定会找机会回报朝廷。"

盛怒中的汉武帝根本听不进去这些,反倒认为司马迁是在替李陵辩解,于是给他定了个诬罔[1](wū wǎng)的罪名,下到大牢里。

按当时的律法,诬罔之罪是死罪。要想免死,有两条路可走:一是上缴50万钱,二是改受腐刑。

司马迁只是个无权无势的史官,哪里出得起50万钱?他也想到大不了一死,保全名节。可父亲的遗愿怎么办?还没完成的史书怎么办?就这么死了,实在是死得不值。

他又想到,周文王被关在囚室里还在推演《周易》,孔子困顿不堪时还在编辑《春秋》，屈原被流放才写出《离骚》，左丘明失明了还通过口述创作《国语》，孙膑（bìn）遭受膑刑[②]才有时间撰写《孙膑兵法》，吕不韦被贬蜀地才有《吕氏春秋》传世，韩非被囚在秦国才写出《说难》《孤愤》这样的力作。这些先贤都是他的榜样啊。

最终，司马迁忍辱接受腐刑，换回一条性命。

此后，他埋头著述，经过10年努力，完成共130篇、52万多字的《史记》。这部皇皇巨著记录了从黄帝到汉武帝约3000年的历史，开创了纪传体通史的先河。

注：

①诬罔，诬陷、毁谤、欺骗的意思。

②膑刑，古代的一种酷刑，砍去受罚者左脚、右脚或双脚。也有说法认为膑刑是削去受刑者膝盖骨（膑骨），使其不能站立。

联系与思考

行万里路

司马迁一生三次游历天下，足迹遍布长江、黄河、淮河、泗水等大江大河流域。他东边到过齐鲁，东南到达吴越，南边去过沅湘，西边去过巴蜀、滇南，北边到过涿鹿、登过长城……数次壮游，使他开阔了眼界、增长了见识，为编撰《史记》打下了坚实基础。

"读万卷书"是积累知识,"行万里路"是勇于实践;只有将"万里路"融入到"万卷书"中,才可以做到理论结合实际、学以致用、提高解决问题的能力。

💡 课本延伸

出处:五下·课文 16·田忌赛马

田忌赛马与博弈

司马迁《史记·孙子吴起列传》里的"田忌赛马",是历史上一个著名的巧用策略、以弱胜强的故事。

齐威王的马,每一个等级都比田忌的马要好一点。如果双方老老实实地上对上、中对中、下对下,田忌必定次次都输。但田忌只要稍稍改变一下策略,先用下马对齐威王的上马,就能二比一获胜。

可惜的是,这个策略只能用一次,因为田忌知道齐威王的出马次序,可以单方面使用策略。一旦齐威王发觉田忌在马的出场顺序上"做手脚",必定也会调整出马次序。这样一来,双方的赛马就变成一个博弈问题。

"弈"是棋的意思,"博弈"本意是下棋,引申为在一定的条件或规则下,选择、实施一定的策略,并从中获得相应的结果或收益。博弈论便是研究博弈问题的一门学问，又称对策论，是现代数学的一个分支，在政治、经济、军事、战略等方面，都有广泛的应用。

回到田忌赛马的故事上来，如果双方都清楚取胜的关键是马的出场次序，那一方肯定不能让对方知道或猜中自己的策略，另一方也不能采用固定的策略，必须随机应变。如此，田忌的马整体比齐威王弱，再想赢就不是那么容易了。

对博弈问题感兴趣的小朋友，可以想一想，田忌和齐威王各有几种出马策略？在比赛中如何才能让自己赢的机会更大？

拓展阅读

史书体例

史书一般有独特的体例和表现形式，如《春秋》和《左传》，是以年代为主线来记录、编排历史，称为"编年体"；《国语》是以国为单位，分别记叙历史，称为"国别体"。

司马迁在编写《史记》时，对编年体和国别体这两种体例都不太满意，觉得不能充分展现自己的设想。他觉得，在漫长的历史长河中，有的人叱咤风云，有的人坎坷一生，有的人为大义奋不顾身，有的人为私利不择手段……这些鲜活的人物，才是历史的中心。

最终，司马迁决定以为人物立传的形式来编写《史记》，通过记叙人物活动来反映历史事件。这种体裁,被称为"纪传体"。

司马迁是"纪传体"的开创者,《史记》则是我国第一部纪传体史书。此后,历朝历代官方编修史书,都依照《史记》,以"纪传体"为标准体例。

但是,"纪传体"也有一些短处。比如如果不同的人参与了同一件事,不可避免地要在各人的传记中分头叙述这件事,就会造成内容的重复和相似。于是,后来又出现一种"纪事本末体",它以事件为主体来记述历史,克服了"编年体"记事分散、"纪传体"记事重复的缺点,创立了一种新的体裁。

王羲之："书圣"是如何炼成的

人物小传

王羲（xī）之（303年~361年），字逸少，曾任右军将军，世称王右军，山东琅琊（今山东临沂市）人，永嘉年间随晋朝皇室南渡，移居会稽山阴（今浙江省绍兴市）。东晋文学家、书法家，以书法成就最为突出，后世尊为"书圣"，代表作《兰亭集序》被誉为"天下第一行书"。

人物故事

临池学书

大家还记得课本里讲过的那位"不取道旁李"的王戎的故事吗？王羲之跟王戎一样，也出自琅琊王家。从辈分上讲，王羲之是王戎的侄子。

王羲之出生的时候,正值"八王之乱"[①],北方动荡不安。他5岁时,包括王家在内的各大家族为躲避战乱,随琅琊王司马睿南迁,来到建业。建业即如今的江苏南京,后来改称建邺、建康。

王羲之从小不善言辞,父亲死得又早——他7岁那年,父亲带兵上阵,结果兵败,下落不明,大约死在战场上,连尸骨都没找着——所以,在家族子弟中,他是特别不起眼的一个,也不受长辈重视。

平日里除了读书,王羲之的爱好只有书法。他母亲有一位表姊妹,名叫卫铄,人称卫夫人。这位卫夫人,是当时著名的书法家,也是中国古代第一位女书法家。卫夫人见王羲之这么热爱书法,便做了他的书法启蒙老师,时常指点他如何把字写得更好。

王羲之家旁边有一个池子,每次练完字,他都到池子旁边洗砚台和毛笔。天长日久,一池清水被染得乌黑。后来,人们便把这池子叫作"洗砚池""墨池",还在旁边造了一座亭子,取名叫"墨华亭"。

他走到哪里练到哪里,他洗过笔、砚的那些水池,都被称作"墨池"。

北宋文学家曾巩写过散文《墨池记》,开头一句就说,临川郡城东面新城山上有个池子,传说是王羲之的墨池。浙江台州天台山主峰华顶山上有个华顶寺,寺旁也有一个"王羲之墨池",相传是他年轻时居此习练书法留下的。温州墨池公园的墨池,据说是王羲之任永嘉郡守时，天天在此练字、洗砚留下的。

王羲之的字之所以写得那么好，这些"墨池"的故事，似乎能说明很多问题。

坦腹东床

王羲之一心沉迷于书法，平常很少跟人打交道，在王家一众子弟中，基本上属于被遗忘的那拨人。但是，谁也没有想到，一个不平常的宴会，让这个沉默寡言的少年出了名。

且说当时有一位名士，名叫周颛（yǐ），擅长评鉴人物。周颛是王羲之叔父王导的朋友，一次，周颛举行宴会，王羲之随叔父赴宴。作为小辈，他自然只能坐在最不起眼的位置。

筵席上有一道名菜"牛心炙"。这"牛心炙"，其实就是烤牛心。当时牛是用来耕田搞生产的，不可随意宰杀。所以，牛肉、牛心就成了珍贵食材。按惯例，像"牛心炙"这样的大菜，应该先请宴会上最重要的客人品尝。

"牛心炙"一上来，大家都伸长脖子，想看看谁能有幸先品尝。让人们大跌眼镜的是，周颛无视满堂权贵，竟将这道菜端到末座一个少年面前。这少年便是王羲之，他当时只有13岁。

周颛这一举动，让只会埋头练字的王羲之一下子名声大噪。

过了七八年，王羲之20岁，到了谈婚论嫁的年纪。恰好，太尉郗（xī）鉴要为女儿郗璇择婿。

郗鉴派了一个门生[2]到王家，跟王导说："郗太尉想在您家子弟中择一个佳婿，您看哪位合适？"王导把门生带到东厢房，说："王家子弟都在这里了，看中哪一个，尽管挑。"

听说郗太尉来选女婿，王家的年轻人都不淡定了。有的十分拘束，正襟危坐，大气也不敢出，生怕出岔子；有的故意搔首弄姿，希望能给选婿的人留个特别的印象。只有王羲之例外，只见他敞着衣服，斜卧在东边的床榻上，毫不在意地吃着东西，就像什么都没听见一样。

门生回去把看到的情况详细汇报一遍，郗鉴听罢哈哈大笑，说："好，好，这个坦腹东床的年轻人，正是我要挑的好女婿！"就这样，王羲之成了郗太尉的女婿。

因为这个典故，后来人们就用"东床"来指代女婿。"东床快婿"这段佳话，也被看作是王羲之性格洒脱、宠辱不惊的一个例证。

兰亭盛会

王羲之成亲以后，在叔父王彬和岳父郗鉴的荐举下，开始步入仕途。

他先干了几年秘书郎。这是一个清闲的职位，主要工作是整理和校阅皇宫图书馆的图书、典籍。王羲之本就喜欢读书，在工作中还能接触到很多书法名家的手迹，对他来说可谓如鱼得水。

此后，王羲之又先后担任临川太守、征西参军、江州刺史、右军将军,以及会稽③内史等职。王羲之有个别称"王右军",就是因为他曾任右军将军。

永和九年,也就是公元353年,王羲之50岁。这时,他担任会稽内史已经3年。内史的职级为太守,即一地的最高行政长官。在会稽内史任上,王羲之做了很多实事,比如赈荒、减税、整治漕运、巡检诸县等。

除此之外,他还做了一件当时可能并不怎么重大,但后来成为历史上的千古盛事的事——兰亭修禊(xì)。

修禊,是古代民间于春秋两季在水边举行的一种祭礼,用以祈福、消灾。永和九年的三月初三,正是春天的修禊日。王羲之作为东道主,邀请了一众军政要员、文人雅士,共40余人,在会稽郡山阴城的兰亭集会修禊。大家饮酒赋诗、高谈阔论,尽显风流。

王羲之将大家在集会上的诗作汇集成册,即《兰亭集》。他又即兴挥毫,为诗集写了一篇序言,记述集会的情形和自己的感想。这就是后来被誉为"天下第一行书"的《兰亭集序》,也称《兰亭序》。

据说,王羲之作这篇序,是趁着酒兴,一气呵成的。他酒醒之后,尝试重写《兰亭序》,却再也找不到那种感觉了。

此序全文324字,相同的字写法皆有变化,特别是文中20个"之"字,字字写法不同,精美绝伦。

可惜的是,这件旷世珍品的下落,一直是个谜。有一种传言说,唐太宗李世民对王羲之书法推崇备至,设计从王羲之七世孙智永禅师的弟子辨才手里骗走《兰亭序》真迹，并把它作为陪葬品带进了陵墓。我们现在看到的《兰亭序》，一般是唐代书法家冯承素的摹本。

书法换鹅

兰亭集会两年以后，王羲之厌倦了官场的明争暗斗，向朝廷辞去会稽内史一职；并在父母墓前立誓，此生不再做官。

王氏子弟辞官不做，在当时还没有先例，一时间在朝廷内外引起不小的震动。大家纷纷劝说挽留，但王羲之去意已决，自此彻底告别官场。

此后，王羲之栽桑植树、作诗写字、养鹅钓鱼，过起了悠闲的隐居生活。他常常感叹："我卒当以乐死。"意思是说，假如我哪一天死了，那也是高兴死的。

王羲之喜欢鹅，是因为他能从鹅的体态姿势中，体会、领悟到书法的奥妙。王羲之有两个跟鹅有关的故事，流传甚广。

据说，有一位道士想要求取王羲之的墨宝，可又不好直接开口，便精心饲养了一群白鹅，时常赶到四周的河流里戏水。

一次，王羲之乘着小舟出游，突然看到河里有一群漂亮的白鹅，不由看得出神。道士见"鱼"已经上钩，故意装出要赶鹅回家的样子。王羲之一看急了："哎，这位道长，您的鹅能晚一会儿再赶走吗？要不，我把它们买下来，行不行？"

道士等的就是这句话，连忙说："哎呀，原来是右军大人，这群鹅送您都成！不过，我有一个小小的请求……"

"道长请讲！"

"我想请右军大人写一部《黄庭经》[4]。"

"成交！"

就这样，求鹅心切的王羲之，心甘情愿地抄了半天经文，终于把这一群鹅给换走了。

也有求鹅不成的。说是有一位老人，家里养了一只大鹅，叫声特别嘹亮。王羲之听说后，就带了一群朋友上门观赏。

老人得知右军大人要来，十分激动，决定好好招待一下他。

且说王羲之兴冲冲地赶来，一进门就问："老人家，鹅呢？"老人把王羲之带到厨房，掀开锅盖："鹅在这儿呢，早都炖好了！"

他哪里知道，王羲之喜欢的是活鹅，而不是炖鹅啊。

注：

[1] 八王之乱，晋朝皇族为争夺皇权而引发的一场内乱，从291年持续到306年，前后历时16年。其直接后果是导致西晋灭亡，中国北方进入十六国战乱时代。因其主要参与者是晋朝皇族八王，所以史称八王之乱。此后，琅琊王司马睿称帝，以建康（今江苏南京）为都城，建立东晋王朝。

[2] 门生，泛指学生与弟子。

[3] 会稽（kuài jī），古代郡名，位于长江下游江南一带。晋代会稽郡辖区在今浙江省绍兴市和宁波市一带。

[4] 《黄庭经》，又名《太上黄庭经》，是道家的一部关于养

生和修炼的著作，分为《外景经》《内景经》《中景经》三部分。现存小楷《黄庭经》摹本（俗称《换鹅帖》），相传其原本为王羲之所书。

联系与思考

磨砺始得玉成

智永禅师是王羲之第七世孙，也是一位书法名家。书写楷书的基本法则"永字八法"，就是智永禅师创立的。他的名气传开后，上门请教、求字的人络绎不绝，以致他住处的门槛都被踩坏了。无奈之下，智永禅师只能请人给门槛包上铁皮。后来，这段故事成为一个典故，称为"铁门槛"。

就像王羲之的"墨池"一样，智永禅师在书法上取得这么高的成就，跟他坚持勤学苦练是分不开的。据说他出家以后，深居简出，长年在阁楼上临摹字帖、练习书法，写坏的毛笔头积攒了十几瓮（wèng，一种口小腹大的陶器，类似于陶缸）。智永禅师把废笔头埋在一个大坑里，称它为"退笔冢"。

唯其磨砺，始得玉成。要想取得成功，勤奋是一个不可少的条件。俗话说："一分耕耘，一分收获。"流过的汗水越多，收获才可能越大。

> 课本延伸

出处：六上·第七单元·口语交际·聊聊书法

什么是书法

王羲之的《兰亭集序》被称为"天下第一行书"，是一件公认的经典书法作品。那么，什么是书法？

简单地说，书法就是汉字的书写方法。"书"指的是书写，"法"指的是方法或技巧。当然，这种书写一般会上升到艺术的高度，包含着书写者（书法家）的情感、气质，以及审美情趣。更进一步说，书法不仅是一种书写规则，更是一种富有美感的艺术形式。所以，有人把它誉为"无言的诗歌""无图的绘画""无声的音乐"。

从古至今，书法艺术薪火相传、连绵不绝。历代书法家以其独特的风格和创新精神，为这门艺术注入了源源不断的生命力，使它在历史的长河中愈发璀璨夺目。比如王羲之的老师卫夫人，写得一手漂亮的"簪花小楷"；唐朝的颜真卿，在楷书的基础上创立了"颜楷"（也称"颜体"）；北宋第八位皇帝赵佶（宋徽宗），创造了一种瘦劲挺拔的楷书书法，称为"瘦金体"。

世界上的文字很多，也都可以写成漂亮的美术字。但像汉字这样，能够把书写上升为一门艺术的并不多见。有空的时候，不妨找一找历代书法名作，领略一下笔画间的艺术之美。

拓展阅读

什么是字体

打开电脑中的文字处理软件，在设置文字格式时，我们通常能看到各种各样的"字体"。这又是什么呢？

仔细观察一下，我们就会发现，同一种字体的文字，笔画和结构具有共同的书写原则和特点。比如楷书，特点是"形体方正，笔画平直"，笔画起笔、收笔时有顿挫处理；宋体，笔画上横细竖粗、横笔较细、竖笔较粗，笔画末端带有装饰性的"字脚"或"衬线"；黑体，字形端正、笔画粗细一致、横平竖直，没有衬线装饰。

如果要给字体下一个定义，我们可以说，它是指文字的标准书写或印刷样式。字体与书法虽然都涉及汉字的书写形式，但它们在性质、用途和艺术性上有着明显的区别。

字体通常用于印刷、计算机显示等领域，服务于日常的文字交流和信息传递，强调的是文字书写的标准化、规范化、统一性和通用性。而书法是一种艺术创作，通过手写汉字来表达书写者的情感和审美，强调的是个性化和艺术性。

生活中常用的字体，主要有宋体、楷体、黑体、仿宋等。拿出课本看一看，你能找出几种字体？

漫画小剧场

天公不作美

儿子,练完这十八缸水,你的字便能写得像你爹我这么好了!

真的吗?

我练,我练,我练练练!

耶,终于练完了!

哎!水缸又满了,还得从头写。

陶渊明：不为五斗米折腰

人物小传

陶渊明，（约365年~427年），名潜，字元亮，别号五柳先生，江州浔阳郡柴桑县（今江西九江）人。东晋末年杰出的文学家，中国历史上第一位田园诗人，被誉为"田园诗派鼻祖"。

人物故事

三仕三隐

魏晋时期名士很多，陶渊明是非常特殊的一位。

陶渊明的曾祖父陶侃，是东晋开国元勋、历史上有名的战将，官至大司马，掌管八个州的军事，显赫一时。陶渊明的祖父和父亲也都做过官。但到陶渊明出生时，陶家已经没落了。

陶渊明8岁那年,父亲去世,他和母亲、妹妹相依为命,一家人靠外祖父的接济艰难度日。

少年陶渊明博学多才、心志高远,渴望能像曾祖父一样建功立业、报效国家。多年以后,他在一首诗里写道:"忆我少壮时,无乐自欣豫。猛志逸四海,骞翮(qiān hé)思远翥(zhù)[①]。"

但是,在门阀当道的时代,像陶渊明这样没有家世背景的人,要想找到施展才能的舞台谈何容易。一直到29岁,他才找到人生第一份工作,在江州刺史王凝之手下担任祭酒[②]一职。

王凝之是书圣王羲之的儿子,才干平平,还很愚昧。比如,后来他当会稽内史时,敌兵攻城,他不想办法设防,却忙活着请"鬼兵"助阵。结果敌兵冲进城内,他白白丢了性命。

这样一个人,因为出身世家大族琅琊王氏,就能一路平步青云。而陶渊明,空有一身才华,在官场上却处处受排挤、郁郁不得志。他干了不到一年,便辞职回家。不久,王凝之又邀请陶渊明去做主簿[③]。想想官场上的习气,陶渊明终究还是拒绝了。

一晃又是五六年过去,陶渊明也30多岁了。为了生计,他到桓玄手下做了一个幕僚。

桓玄是大司马桓温的儿子,手里控制着长江中上游大片土地。陶渊明去了之后才发现,桓玄野心勃勃,一直想伺机篡(cuàn)权夺位。他很后悔来做这个差事,又不敢轻举妄动,怕惹来杀身之祸。就在这时,家里来信说陶渊明的母亲去世了,他便以为母亲守孝为由,向桓玄递了辞呈。

403年冬，桓玄谋反，夺取了帝位，把国号改为楚。不久，刘裕举兵起义，击败桓玄。刘裕掌权后，大力整顿吏治、抑制豪强、严明法纪，使朝廷上下风气一新。

对于同样出自寒门的刘裕，陶渊明是十分欣赏的，也对他抱有很大的期望。于是在40岁这年，当镇军将军刘裕召陶渊明做参军时，陶渊明没怎么犹豫，便接受了。

可惜，美好的愿望总是被残酷的现实打碎。刘裕虽有雄才大略，却也少不了剪除异己、独断专行、包庇贪腐、任人唯亲之举。失望之余，陶渊明又一次挂冠归去。

405年秋，在叔父的介绍下，陶渊明担任了江西彭泽县的县令。他本以为到偏远的小地方当一个小官，能够远离污浊的官场，没想到哪里都一样。

这年十一月，郡里的督邮④来视察工作。这位督邮素来贪婪，经常以巡视为名索要贿赂，臭名远扬。督邮一来县里，便派人传召陶渊明。陶渊明迫不得已，硬着头皮正要出门，县里的吏员却拦住他，说去见督邮要穿上官服，不然他会乘机做文章。陶渊明终于忍无可忍，说道："吾不能为五斗米折腰，拳拳事乡里小人邪。"

五斗米，指的是微薄的俸禄。折腰，即弯腰行礼、下拜。陶渊明不愿意为了一点点俸禄，就低声下气地侍奉小人，与这些贪官污吏们同流合污。这官，他不做了！

从上任到辞职，陶渊明在彭泽县令这个职位上只干了80多天。此后，他再也没有踏入官场半步。

葛巾漉⑤（lù）酒

回到家乡以后，陶渊明过起了闲适的田园生活。劳作之余，他便读书、饮酒、写诗，自由自在。

饮酒是陶渊明生活中的一大乐事。他当县令时，官府按规定分给他一些职田。职田的耕种收入，算作一部分俸禄。为了能天天喝上酒，陶渊明打算将这些田全部种上能酿酒的高粱。因为妻子强烈反对，他才留了一小部分田种口粮。

陶渊明很会酿酒。每逢新酒酿成，他就杀一只鸡，邀请左邻右舍一起举杯畅饮。这些情形，他都记录在诗句里。比如他在《归园田居·其五》里这样写道："漉我新熟酒，只鸡招近局。日入室中暗，荆薪代明烛。"

一次，郡将⑥来拜访陶渊明，正好赶上他酿的酒熟了。那时候还没有蒸馏技术，酒酿好后需要将酒糟滤出来。只见陶渊明顺手取下头上戴的葛巾⑦，郡将还以为他干活干热了呢。没想到，他竟把葛巾当滤布滤起酒来，滤完后又若无其事地戴回头上。后来，这个故事成为一个典故，叫"葛巾漉酒"，形容爱酒成癖，也用来赞美率真超脱。

陶渊明有个朋友叫颜延之，两人经常一起饮酒谈诗，相交甚笃（dǔ）。后来，颜延之被调到始安（今广西桂林）任职，赴任之时，他专门到浔阳来拜访陶渊明，给他留下两万钱以供日常用度。没想到，陶渊明转手就把这笔钱给了一家酒店，条件只有一个——他随时都能来酒店喝酒。

有酒喝的日子当然是快乐的，但酒并不是天天都有。陶渊明在种田上实在是比不上酿酒专业。他自己也写诗说："种豆南山下，草盛豆苗稀。"没有好收成，拿什么酿酒、换酒呢？

某年的重阳节，陶渊明忽然酒兴大发，可家里的酒早喝完了。惆怅之余，他只好去摘了一束菊花，聊以自慰。这时，忽然有个白衣使者送来几坛美酒。陶渊明大喜，接过来先喝了个痛快。喝完一问，才知道是江州刺史王弘的美意。这个故事，后来也成了一个典故，叫"白衣送酒"。

陶渊明不懂音律，却收藏着一把琴；更奇怪的是，琴上没有一根弦。每当喝酒喝到微醺时，他便搬出这把琴，轻轻抚动，似乎在弹奏一首只有他自己能懂的心曲。想他这一生，也曾意气风发，也曾志存高远，可他施展才华的舞台又在哪里呢？他喝的是酒，但谁又能说，他喝的不是孤独与寂寞？

归隐的日子里，州府又多次请陶渊明任职，他都没有接受。

427年秋天，或许是有所预感，已经63岁的陶渊明给自己写了一篇《自祭文》。两个月后，他就与世长辞了。好友颜延之为他取了一个谥号——"靖节"，寓意性情高洁。所以，后人也称陶渊明为"靖节先生"。

注：

①欣豫，指欢快；猛志，远大的志向；骞，高举，飞起；翮，指羽翼；翥，飞翔。这几句诗的意思是，回想起我年少时，即

便没有高兴的事，心情也是欢快的。因为我有远大的志向，梦想能像大鹏一样展翅远翔。

②祭酒，在古代一般是主管教育的行政长官。

③主簿，掌管文书的官员。

④督邮，督察官吏的官员。

⑤漉，指液体往下渗，即过滤。

⑥郡将，即郡守，因为兼管军事，故有此称呼。

⑦葛巾，用葛布做的头巾。

联系与思考

搬砖励志

陶渊明的曾祖父陶侃，因为立下赫赫战功，被朝廷封为荆州刺史。但是，权臣王敦容不下他，将他改派到当时还很偏远荒凉的广州当刺史。

到任以后，陶侃让人准备了一堆大砖块堆在书房里。每天早上，他早早起床，把大砖一摞摞从屋里搬到屋外。到了傍晚，他又把大砖一摞摞从屋外搬到屋里。不管严寒还是酷暑，他日日如此，从不中断。

人们非常奇怪，不知道他在干什么。有人就问了："大人，您把这些砖搬来搬去，是要做什么呢？"陶侃说："现在北方大片土地没有收复，我们怎么能心安理得地过着懒散的生活呢？

我搬这些大砖，是为了锻炼身体、磨砺意志，以便有朝一日能继续为国家效力啊！"

几年以后，王敦失势，陶侃被调回荆州任职，朝廷还封他为征西大将军。陶侃率军征讨叛乱，收复失土，功勋卓著，后世将其列入"武成王庙六十四将"。

《孟子》说："生于忧患，死于安乐。"人长期处于安逸环境，往往容易滋生懈怠和懒惰、丧失进取心和活力。只有不安于悠闲生活、时刻谨记磨炼自己，才能有所作为。

课本延伸

出处：四下·第三单元·语文园地·识字加油站

陶渊明的世外桃源

陶渊明不仅会写诗，还很会讲故事。他写过一篇非常有名的故事叫《桃花源记》，故事里有一个神奇的地方叫"桃花源"。

故事说，东晋太元年间，武陵郡有个渔夫打鱼时不小心迷了路，他顺着小溪往上游走，发现一片美丽的桃花林。渔夫非常好奇，于是继续往前走，想看看桃花林尽头有什么。结果，他找到一个山洞，里面隐约有光亮传出来。渔夫钻进山洞，一开始洞口很窄，没想到里面越走越宽。

从洞的另一端出来后，渔夫发现自己到了一个小村庄。这里土地平坦、房屋整齐、鸡鸣狗吠声此起彼伏，显得特别宁静美好。村里人说，他们的先祖为躲避秦时战乱，来到这个与世隔绝的地方，再也没有出去。他们日出而作、日落而息，过着简单而幸福的生活。

村里人热情招待了渔夫，向他打听外面的消息。渔夫把自己知道的都告诉了他们。当听说现在已经是晋朝，中间还经历了汉朝和魏朝，村里人都叹息不止。渔夫待了几天，准备告辞回家。临走前，村里人跟他说："我们这个地方，千万不要跟外人说啊。"

渔夫出来以后，找到他的小船，顺着来时的路往回走，一路走一路做标记。渔夫回到郡城，向太守报告了这件事，太守立即派人跟渔夫前去寻找。结果，他们迷失了方向，再也找不到通往桃花源的路了。

不难看出，"桃花源"是陶渊明心目中远离尘世喧嚣的理想世界。他写《桃花源记》，并不仅仅是想讲一个奇幻故事，而是含蓄地表达了对远离喧嚣、回归自然的生活的向往。因此，后来人们便用"世外桃源"或"桃花源"这两个词，比喻理想中生活安乐、环境优美的世界。

拓展阅读

田园诗

陶渊明被誉为"田园诗派鼻祖",那什么是田园诗呢?

从他的一些代表性诗歌,如《归田园居》中我们可以看出,田园诗就是描绘乡村自然景物和农家生活、歌颂恬静田园生活的诗歌。它们散发出的是一种远离都市喧嚣、闲适悠然、无拘无束的意趣。

陶渊明写了大量田园诗,不仅开创了诗歌创作的新流派,也为中国人开辟了一方心灵上的净土,影响了后世无数文人墨客。

漫画小剧场

陶渊明教子

陶渊明的大儿子阿舒在晒太阳。二儿子阿宣正在舞剑。

三儿子阿雍、四儿子阿端（一对双胞胎），正伸着手指头比画着算数。

小儿子阿通，在啃梨。

若老天爷给我的真是几个不肖子，那也没办法，还是喝酒吧……

老大懒惰，老二不爱学习，老三老四这么大了连算数都不会，老幺贪吃……没一个争气，没一个能成才啊！

爹，您要喝酒就喝吧，干吗从我们身上找借口？

李白:"醉"浪漫的诗仙

人物小传

李白（701年~762年），字太白，号青莲居士，祖籍陇西成纪（今甘肃省天水市秦安县），出生于安西都护府碎叶城（今吉尔吉斯斯坦北部托克马克附近），后迁居四川绵州（今四川省江油市）。李白是唐代伟大的浪漫主义诗人，被后世誉为"诗仙"。

人物故事

仗剑远游

李白的名字，跟一个梦有关。

据说他快要出生时，他母亲不知怎的就做了一个梦，梦到太白星落入怀中。太白星即金星，也叫启明星，是黎明时分东方天空中最亮的一颗星星，常被视为吉祥和幸运的象征。于是，家人就以此为他取了名字。

这孩子从小就显露出过人的才华，5岁就把识字的启蒙课本背得滚瓜烂熟，10岁便能读诸子[①]文章，15岁时已创作若干诗赋作品，并得到一些社会名流的大力推崇。

照这样看，李白是个读书的好苗子。可按照当时的规定，"工商之家不得预于士"，也就是说，工商业者及其子弟不能参加科举考试。李白的父亲恰好就是个商人，生意做得还挺不错。

既然没资格参加科举，李白索性就"放飞"自我，今天写写字，明天练练剑，后天又跑去学学琴……他还花了很多时间读道家典籍，四处求仙访道。他诗中的那种缥缈仙气，源头就在这里。

李白十分喜欢剑术，他每写10首诗，差不多就要提到一次"剑"。有人统计了他的诗，"剑"字共出现107次。李白的剑术也相当了得，他在诗中说自己"十五好剑术""剑术自通达"。

当时有个叫裴旻的人，是个用剑高手。据说李白后来还专程向他请教，学习剑术，并写下著名的剑诗《侠客行》。诗中"十步杀一人，千里不留行。事了拂衣去，深藏身与名"，读来让人热血沸腾，成为千古名句。

开元十二年（724年），24岁的李白辞别亲人，踏上漫游天下的旅途。

出蜀地以后，他先后到过今湖北、江苏、浙江、山西、山东、安徽、河南、陕西等地，饱览美景，大开眼界，结识了一众好友。

其间，他还成了婚，在湖北安陆的北寿山中安了家。

金龟换酒

李白游历天下十多年，总结一下，他大致干了两件事：一是广泛交游，结识名人雅士；二是大量写诗，提高自己的知名度。

就拿他结识贺知章这事来说，就非常有传奇性。

一次，李白去长安城内的道观紫极宫，恰巧遇见贺知章。贺知章官拜太子宾客[2]，更是诗坛前辈，大名鼎鼎。李白赶紧上前拜见，然后拿出随身携带的诗稿，虚心地向贺知章讨教。

贺知章一看，竟连连惊呼："这哪里是凡人能写出来的诗，你莫不是被贬谪（zhé）凡间的仙人吧？"

李白拿出来的诗稿，据说是《蜀道难》。这是他的代表作，被认为是"奇之又奇""空前绝后"的诗作，也难怪贺知章惊叹不已了。因为贺知章这个评价，李白有了个称号——"谪仙人"。

这还不算完，贺知章又拉着李白，要请他喝酒。不料，两人在酒楼落座后，贺知章一摸口袋，才发现忘带钱了。他想也没想，就把佩在身上的金龟解了下来，让店小二拿去换了酒。

金龟并不是金子做的乌龟，而是唐代官员的一种佩饰，形状像龟，叫作龟袋。三品以上官员的龟袋用金子装饰，所以称为金龟。这个故事后来演变成成语"金龟换酒"，形容为人豁达、恣情纵酒。

供奉翰林

李白的大名,终于传到玄宗皇帝耳中。天宝元年(742年),唐玄宗召李白进宫,要亲眼见一见这个"谪仙人"。

李白入宫觐(jìn)见那天,唐玄宗亲自下辇(niǎn)迎接,还让人搬来七宝床③给李白坐,亲手给他盛汤羹喝。这个礼遇,可真是前所未有。随后,唐玄宗跟李白聊了会儿天,问了一些事情,李白对答如流。唐玄宗大为赞赏,便封李白做了翰林供奉。

翰林供奉,大致上是宫廷内的文学侍从,主要工作是参与宫廷的文化活动、为皇帝撰写诗歌等文学作品。自此,唐玄宗每次搞宴请或郊游,都会叫来李白,让他赋诗助兴。

兴庆宫④的兴庆池种着很多牡丹,第二年暮春,牡丹盛开,雍容华贵。唐玄宗带着杨贵妃在池边赏花,又想起李白,便命人传召。

李白正在喝酒,已经烂醉如泥。来人没有办法,只好把他扶上马背,带到宫中,用冷水将他浇醒。得知皇帝要他为杨贵妃写诗,李白抹了一把脸上的水,略一思忖,提笔便写了三首七言乐府诗,即后来传诵甚广的《清平调》。

这三首诗把牡丹花和杨贵妃交织在一起写,赞美杨贵妃人比花美,可谓浑然天成。唐玄宗自然是龙颜大悦,杨贵妃也心花怒放。

可是,宦官高力士却悄悄跟杨贵妃说,李白这几首诗居心不良,是在讽刺她像赵飞燕。赵飞燕是西汉时汉成帝刘骜(ào)

的第二任皇后,被视为魅惑君王的红颜祸水。杨贵妃一听可就怒了,从此对李白怀恨在心。

高力士为啥要说李白的坏话?因为李白得罪了他。《新唐书·李白传》里说,有一次李白喝醉了,当众让高力士帮他脱靴子,高力士深以为耻。如今找到机会,高力士自然要借机报复。

杨贵妃和高力士都是唐玄宗身边的人,得罪了这两个人,李白能有什么好果子吃?此后,只要唐玄宗一提任用李白做官,杨贵妃就出言阻止。结果,李白在长安待了三年,也没有得到一个实际的官职。

当初,李白奉诏进京时写了一首诗说:"仰天大笑出门去,我辈岂是蓬蒿人。"⑤他本以为能在长安有一番作为,没想到唐玄宗只是让他写写诗,做个以文娱人的闲差。另一方面,李白恃才傲物,不把权贵放在眼里,得罪不少人,这也让唐玄宗很头疼。

终于,在天宝三年(744年)的春天,李白向唐玄宗递交了辞呈。唐玄宗则设御宴款待李白,赏赐他一些黄金,准许他辞官回乡。

水中捉月

时光荏苒,又是10余年过去了。755年,安史之乱爆发。此时,李白正在庐山隐居。永王李璘出师东巡,听说李白在庐山,数次邀请他担任自己的幕僚。李白也想为朝廷效力,便答应了。

李璘是唐玄宗的第十六个儿子、唐肃宗李亨的弟弟。这个热血青年一心想平息叛乱、建功立业。只可惜，他的轻率冒进和不听调遣，引起刚刚登基的唐肃宗李亨的猜忌。最终，兄弟反目、兵戎相见，李璘兵败自杀，被定性为叛乱。

作为李璘的幕僚，李白自然难逃罪责，他先是被抓起来关进浔阳的监狱，后又被以"从逆"的罪名，判了个流放夜郎。夜郎即如今的贵州省桐梓县，在当时是偏僻苦寒之地。

李白被押解着前往夜郎。他们从浔阳顺江而上，准备先到四川，再折向贵州。一路上，先后经过武昌、江陵（今湖北荆州）、三峡，看着大好山河，李白不禁黯然神伤——或许这一去就是永别。

不承想走到白帝城（今四川省奉节县东）的时候，负责押解的差役忽然接到一道赦书——李白的罪责被免掉了。原来因为旱情严重，朝廷宣布大赦天下，只要不是死罪，一律赦免。

李白惊喜之余，立即乘船东下。他从白帝城出发时是早上，顺风顺水，一日之间便又返回江陵。抵达江陵时，心情轻快的李白忍不住赋诗一首，这便是著名的《早发白帝城》："朝辞白帝彩云间，千里江陵一日还。两岸猿声啼不住，轻舟已过万重山。"

这一年，李白已经59岁了。第二年，他辗转回到浔阳，再上庐山，准备静心修道，度此余生。但是，安史之乱余波未消，天下仍然动荡，哪里能有清静之地呢？

762年，李白因为"腐胁疾"（据后世推测，可能是因饮酒过度导致的脓胸穿孔症），病逝于当涂（今安徽省当涂县）。但是，民间传说，李白是因为喝醉了酒，跳入江中捉月，溺水而亡。李白如果泉下有知，以他的个性，应该会更喜欢这个人生结局吧。

注：

①诸子，指先秦时期各学术流派代表人物，如儒家的孔子、孟子、荀子，道家的老子、庄子，等等。

②太子宾客，唐代设置的一种官职，宋、元、明代沿用，多由其他官员兼任，职责是在太子身边提供建议、进行劝谏等。

③七宝床，即镶满金银珠宝的椅子。

④兴庆宫，长安城内三大宫殿群之一（另外两处为太极宫、大明宫），是唐玄宗和杨贵妃长期居住的地方。

⑤出自《南陵别儿童入京》，意思是说：仰面朝天大笑着走出门去，像我这样的人，怎么可能一辈子身处草野，像蓬蒿一样默默无闻？

联系与思考

铁杵（chǔ）成针

据说，李白小时候是个淘气包，总是贪玩逃课。一次，他又逃学出来闲逛，经过一条小溪时，看见一位老婆婆正在磨一根铁棒。李白很是好奇，便问老婆婆磨铁棒做什么。老婆婆说："我要把铁棒磨成针。"李白更奇怪了："这么粗的铁棒，怎么能磨成针呢?"老婆婆说:"只要功夫深,铁棒自然能磨成针。"李白听后,深感惭愧,从此再不逃课,潜心苦读,终于成为一代文豪。

看似微小的努力,积累起来可以产生巨大的效果。无论目标多么遥远,只要坚持不懈,就有可能实现。

课本延伸

出处:一上·语文园地六·日积月累·古朗月行(节选)

古朗月行

课本上这四句诗节选自李白的乐府诗《古朗月行》。"朗月行"是乐府古题,南北朝诗人鲍照曾写过一首《朗月行》,李白沿用这个古题,所以称为"古朗月行"。

"小时不识月,呼作白玉盘。"是说"我"小时候不认识月亮,将它呼作白玉盘。"又疑瑶台镜,飞在青云端。"是说"我"又怀疑月亮是瑶台仙人的明镜,可是不知道怎么飞到了云端。这四句诗看似信手写来,却生动写出小孩子对月亮稚气的认识,充满天真烂漫,显得新颖而有趣。

拓展阅读

绝句与律诗

我们常常听到"绝句""律诗"这样的名词,是什么意思呢?其实,它们说的是古诗的体裁。

习惯上,人们把唐代以前的各种诗体称为古体诗,唐代及唐以后的诗称为近体诗。古体诗的特点是格律比较自由,不是非常讲究对仗、平仄,押韵较宽,篇幅长短不限,包括古诗、楚辞、乐府诗等。近体诗又叫格律诗,特点是形式均衡、整齐,对平仄、对仗、押韵、句数、字数等,都有严格的限定。近体诗又分为三种主要形式:绝句、律诗和排律。

绝句,又称绝诗、断句。一首诗限定四句,每句五个字的叫五言绝句,每句七个字的叫七言绝句。李白的《静夜思》就是一首五言绝句。全诗只有四句:"床前明月光,疑是地上霜。举头望明月,低头思故乡。"短短二十个字,就将思乡之情表现得淋漓尽致。其流传之广,没有任何其他作品能够比肩。

律诗则限定每首诗八句。每句五个字的称五律,即五言律诗;每句七个字的简称七律,即七言律诗。超过八句的律诗,称为排律或长律。

现在,请思考一下,李白的《蜀道难》是什么诗体?

漫画小剧场

李白上当

太白兄，我这里有十里桃花，还有万家酒店，快来一聚！
十里桃花？万家酒店？听起来简直是人间仙境啊！
请发个定位，我这就出发！
汪兄，你说的十里桃花在哪里？
万家酒店又在哪里？
此潭名为“桃花潭”，距村十里，可不正是“十里桃花”？
万
那家酒馆的老板姓万，所以叫“万家酒店”！
汪兄，写诗你不如我，做营销我不如你！

杜甫：写不尽人间疾苦

人物小传

杜甫（712年~770年），字子美，自号少陵野老。祖籍襄阳（今湖北襄阳市），出生于巩县（今河南巩义）。唐代伟大的现实主义诗人，后世尊为"诗圣"。他的诗广泛反映了当时的社会、政治、经济状况，既有历史性，又有艺术性，因此被称为"诗史"。

人物故事

快意游历

公元712年，杜甫出生于巩县城东的瑶湾村。历史上，这一年发生了一件大事——唐玄宗李隆基登上皇位。在李隆基的励精图治之下，唐朝不久就进入全盛时期，史称开元盛世。

杜家是诗书门第，杜甫的曾祖父做过巩县县令；祖父杜审言官至国子监主簿、修文馆直学士，是当时有名的诗人。杜甫的父亲杜闲，也曾做过朝议大夫、兖州司马。杜甫的母亲，出自当时的名门望族清河崔氏。

生逢盛世、家境优渥，杜甫小时候的生活可以说是无忧无虑的。他在《百忧集行》一诗里回忆说："忆年十五心尚孩，健如黄犊走复来。庭前八月梨枣熟，一日上树能千回。"都15岁了还童心未泯，整天像小牛犊一样跑来跑去。到了八月树上的果子成熟时，又像只猴子一样整天在树上爬上爬下摘果子。

当然，玩归玩，杜甫也没放松学习。他7岁就能写诗作文，出口成章；9岁时练习写大字，所写的作品积累成袋；到十四五岁时在文坛已小有名气，经常出入文人墨客聚集之所。

杜甫还交游广泛，认识不少显赫人物和名人。比如他看过天下第一舞者公孙大娘的剑舞，观摩过御用画师吴道子绘画，在岐王（唐玄宗李隆基的弟弟）和崔九（李隆基的发小）家里听过著名乐师李龟年唱歌，可谓见多识广。

唐代读书人普遍有个爱好——游历天下，目的有两个：一是增长见识，正所谓"读万卷书，行万里路"；二是拓展人脉。当时的科举取士不光看成绩，有达官贵人、社会名流推荐，更容易脱颖而出。

在这股风气的影响下，19岁那年，杜甫也开始了漫游天下的历程。第一次远游，他先后到过郇（xún）瑕①、吴越②。游历了四五年时间，然后回洛阳参加了一次科考，可惜没有考中。

之后，杜甫又开始了第二次远游，饱览齐赵大地③的壮丽景色。在雄伟壮阔的泰山，他留下了脍炙人口的五言古诗《望岳》，其中"会当凌绝顶，一览众山小"两句，充满雄心壮志和蓬勃朝气，为人千古传诵。

困顿长安

从开元十八年（730年）离家远游，到天宝五年（746年）来到长安，杜甫过了十五六年快意的游历生活。他曾两遇"诗仙"李白，还携手同游、饮酒赋诗，留下一段佳话。

这次来长安，杜甫是准备参加科考的。孔子说"三十而立"，他已经35岁了，在仕途上还没有任何进展。刚好，唐玄宗心血来潮要搞一次制科④，诏告天下"通一艺者"到长安应试。按圣旨的意思，只要有一技之长，都可以来参加这次考试，从而有机会被录用。

没想到，权相李林甫因为担心有人趁机向唐玄宗告发自己的奸恶行为，在判卷时一个士子都没有录取。他还向唐玄宗道贺，说这些参加考试的士子，诗、赋、论没有一人合格，都是庸才，可见民间再也没有遗漏的人才了。唐玄宗居然信以为真。

这一次的制科闹剧，让杜甫开始感受到朝政的腐朽。此后几年，杜甫一直待在长安，但仍没有得到什么机会。父亲去世以后，他在长安的生活越发艰难。最窘迫时，他甚至要到野外去采一些草药换几个铜钱。

当时还有一种选拔人才的途径，即投献文章给皇帝。天宝十年（751年）正月，唐玄宗要举行祭祀玄元皇帝⑤、太庙和天地的三大盛典。杜甫觉得是个机会，于是进献三大礼赋。果然，唐玄宗颇为欣赏，命宰相出题，在集贤院考校杜甫的文章。杜甫满怀希望地以为会得到任命，没想到朝廷只给了一个候选官吏的资格。

转眼到了天宝十四年（755年），杜甫终于等来了朝廷的任命——去河西（今陕西合阳）做县尉。

县尉是地方上主管治安、征收赋税、征发徭役的官吏。这跟杜甫的理想相去甚远，他也不愿意干逢迎上级、欺压百姓的事情，于是拒绝了。不久，朝廷改任他为右卫率府胄曹参军。这是一个品级更低的职位，主要负责看守兵器、管理仓库钥匙。迫于生计，杜甫只得接受。

先前，杜甫将自己的妻儿安置在奉先县（今陕西蒲城）。任职后，他决定前去探望一下。这年十一月的一个夜晚，杜甫冒着严寒，连夜赶路。他风尘仆仆地赶到奉先，一进门，却发现一家人正号啕大哭。原来，他的小儿子刚刚被饿死了。

看到家人的悲惨命运，想到自己长安10年的困苦潦倒，想到这一路的所见所闻，杜甫再也抑制不住心中的悲愤，挥笔写下《自京赴奉先县咏怀五百字》。这是杜甫"诗史"中的第一首长篇作品，诗中"朱门酒肉臭，路有冻死骨"，深刻揭示了当时社会的黑暗，有如金石掷地，振聋发聩。

忧国忧民

开元末年，唐玄宗逐渐丧失进取之心，整日耽于享乐，听任李林甫、杨国忠把持权柄，忠良之士被排挤，奸臣当道，朝政腐败，民不聊生，藩镇势力逐渐坐大。

就在杜甫去奉先的那段时间，藩镇将领安禄山、史思明发动叛乱，史称安史之乱。这场大动乱前后历经8年，战火波及北方大片土地，以致百姓涂炭、荒野千里，整个黄河中下游一片荒凉。唐玄宗把自己玩成了太上皇，也让唐王朝自此由盛转衰。

唐肃宗李亨登基以后，任命杜甫为左拾遗。这是一个谏官职位，负责对皇帝的政策、决策失误进行规谏，能直接参与朝议。但当时局势动荡，朝廷内部不是想着怎么齐心协力结束战乱，而是仍在争权夺势。很快，杜甫就因直言进谏触怒当权者，被贬为华州（今陕西渭南华州区一带）司功参军。

兵荒马乱中，杜甫离开洛阳，经新安、石壕、潼关，赶往华州，所经之处只见哀鸿遍野。即便如此，为补充大战损失的兵源，官吏们仍在强行抓人当兵。青壮年男子征完了，就抓老人和还未满18岁的男孩。而按正常的征兵制度，这些人不该服役。

一路上的所见所闻，让杜甫受到强烈震动。他根据目睹的现实，写成一组五言诗，合称"三吏三别"（即《石壕吏》《新安吏》《潼关吏》《新婚别》《无家别》《垂老别》）。"三吏三别"如实反映了战乱给百姓带来的深重灾难，传达出诗人深切的爱国热情和忧民情怀，成为文学史上不朽的经典。

到了华州，兵祸未消，旱灾又起，百姓几无活路。无奈之下，乾元二年（759年），杜甫决定辞官不做。几经辗转，他带着家小远赴成都，在浣花溪西岸修建几间茅屋，安顿下来。

入蜀以后，靠着老朋友、剑南节度使严武的帮助，杜甫过了几年相对平静、放松的生活。期间，他还应严武的举荐，担任过一段时间节度参谋、检校工部员外郎，但因适应不了官场，不方便辞职不干。

严武去世以后，杜甫决定离开成都，举家前往潇湘[6]。此时的大唐王朝已经千疮百孔，杜甫跟李白一样，想要找寻安定之所，终未可得。大历五年（770年）冬，杜甫在贫病交加中逝世于前往岳阳途中，享年59岁。

注：

[1]郇瑕，泛指山西省运城市临猗县一带的晋国故地。

[2]吴越，即春秋时期的吴国、越国，后用来指代江苏南部、上海、浙江、安徽南部、江西东北部一带。

[3]齐赵大地，今山东、河北一带，即春秋战国时齐国、赵国所在之地。

[4]制科，又称制举、大科、特科，是在常规科举考试之外，为选拔人才临时设置的不定期考试。

[5]玄元皇帝，即老子李耳，唐朝奉李耳为始祖，追尊他为太上玄元皇帝。

[6]潇湘，即湘江与潇水，多用来指代今湖南地区。

联系与思考

心系苍生

杜甫生活在唐朝由盛变衰的转折时期，亲眼看见了社会的动荡、百姓的疾苦。尽管仕途不顺，一生颠沛流离，他却始终心系苍生。他用诗歌做武器，勇敢地揭露、控诉社会黑暗。他的诗作中充满了对百姓疾苦的同情、对国家命运的忧虑，表达了对人民安居乐业的渴望。

杜甫用他的诗歌照亮了那个黑暗的时代，也为我们树立了做人的榜样：无论身处何种境遇，都要胸怀天下、心系苍生。这种"先天下之忧而忧"的品格，正是中华民族最宝贵的精神财富之一。

课本延伸

出处：二下·课文15·古诗二首·绝句

两个黄鹂鸣翠柳

这首七言绝句大致创作于唐代宗广德二年（764年）春，距杜甫入蜀已有四五年光景。

在此之前的762年，严武被召回京城，蜀中发生动乱，杜甫一度前往梓州（今四川三台县）避难。次年安史之乱平定，随后严武回到成都，任成都尹、剑南节度使。

杜甫得知老朋友归来，心情特别舒畅，面对草堂一派生机勃勃的景象，情不自禁，提笔写下一组即景小诗，名为《绝句四首》。

"两个黄鹂鸣翠柳"是《绝句四首》组诗中的第三首。这首诗对仗工整，前两句写近景，后两句将视线投向远处的雪山和江面上远道而来的船只，形成错落有致的空间美，渲染成一幅清新的早春图画。

不过，在轻快之余，我们也能在"窗含西岭千秋雪，门泊东吴万里船"两句中的"千秋""万里""泊"等词上，体味出一丝对时光流逝、漂泊无定的淡淡的忧伤。

拓展阅读

现实主义诗歌

"暮投石壕村，有吏夜捉人。老翁逾墙走，老妇出门看……"这是杜甫创作于安史之乱中的《石壕吏》。读一读，你是不是发现它像记叙文一样，在记录作者的所见所闻？

这便是现实主义诗歌最大的特点——写实，以描写现实生活中具体事件、人物、景象等为主要特征。

简单来说，现实主义诗歌就是一种以真实反映社会生活、揭示社会本质为核心要义的诗歌。它强调用客观、真实的笔触描写现实世界，尤其关注普通人的生存状态和社会问题。打个比方，它就像一面映照社会的镜子，通过"写实"来引发人们的思考。

　　《诗经》中的《国风》是周代民歌，反映了劳动人民真实的生活，表达了他们对剥削、压迫的不满和对美好生活的向往，算是我国最早的现实主义诗篇。而杜甫，把现实主义诗歌的创作推向了高峰。他的诗歌，比如"三吏三别"，因"善陈时事"，被称为"诗史"。

苏轼：在人生逆旅中潇洒前行

人物小传

苏轼（1037年~1101年），字子瞻，号东坡居士，眉州眉山（今四川省眉山市）人。北宋文学家。他诗、词、文、书、画俱佳，词作气象恢宏、雄浑豪放，开一派之先河，称为豪放派。

苏轼性情耿直，在朝廷中屡受排挤，一再遭到贬谪，最后被流放到琼州昌化军（今海南省儋州市）。但他为人豁达，身处逆境而不失乐观，创作了大量传世名篇，为后人留下宝贵的文学财富。

人物故事

杜撰典故

21岁那年，苏轼到京城汴梁参加科举考试。

考完阅卷的时候，主考官欧阳修对苏轼的文章非常欣赏，可又对文章里讲到的一个典故大感不解。

这个典故是这么说的：尧当政的时候，皋陶掌管刑罚。一次，要判决一个人，皋陶说了三次"当杀"；尧则反对三次，认为可以宽宥他。所以，天下人都畏惧皋陶的执法坚决，却称赞尧的用刑宽大。

欧阳修学富五车，但从未见过这个典故，也不知道它出自何处。

苏轼得了第二名，按照规矩，要去拜见主考官。欧阳修就问他，皋陶的典故出自哪里。苏轼回答："出自《三国志·孔融传》。"

欧阳修赶紧去翻书，翻了半天也没找到，就问苏轼怎么回事。

苏轼说："《孔融传》里讲，曹操灭了袁绍以后，把袁绍的儿媳甄宓赐给自己的儿子曹丕。孔融得知后，就给曹操写了一封信，信里说：'周武王伐纣，把纣王的妃子妲己赐给周公。'曹操很惊讶，问孔融是从哪里看到这个典故的。孔融回答：'从现在发生的事情猜测，应当就是那样吧？'"

孔融杜撰典故，是因为看不惯曹操父子的做法，想委婉地进行劝谏。后来，这件事衍生出一个成语——"想当然"，即凭主观想象，认为事情可能或应该是这样。

欧阳修一听，终于明白：原来苏轼只不过是学着孔融的样子，自己杜撰了一个典故。他不由得赞叹道："这个年轻人了不得，读书能够活学活用，以后写文章肯定能独步天下。"

勇于认错

明代冯梦龙在《警世通言》里讲了一个苏轼续诗的故事。说是有一次,苏轼去拜访王安石,不巧王安石外出,尚未归来。苏轼在书房等候王安石,无聊之际,发现书案上压着一张没有写完的诗稿,只有两句:"西风昨夜过园林,吹落黄花满地金。"

苏轼心想,这不对呀,西风就是秋风,黄花就是菊花,到了秋天百花落尽,只有菊花能傲霜斗雪、不畏严寒,怎么可能风一吹就落一地金黄色的花瓣呢?再说,菊花就算凋谢了,也是干枯在枝头,不会掉落花瓣。于是,他提笔在后面接了两句:"秋花不比春花落,说与诗人仔细吟。"

后来,苏轼被贬到黄州(今湖北黄冈)做官。有一年重阳节,刮了一夜风。第二天早上,苏轼惊讶地发现,昨日还开得好好的菊花,果然被吹落一地花瓣。他这才醒悟,自己当初观察得不够仔细,闹了笑话。

为此,他特意向王安石道歉,承认自己孤陋寡闻,实在不该胡乱续诗。

乌台诗案

宋神宗时期,朝廷任命王安石主持变革、推行新政,史称"王安石变法"。但是,由于执行过程中出现偏差,新政造成一系列负面影响。

比如为了抑制民间高利贷对老百姓的盘剥，新政推出"青苗法"。当时，民间借贷年息可达到300%，"青苗法"规定的年息只有40%。但是，需要借贷的穷困百姓，往往因无力还贷，得不到低息贷款。不需要借贷的富户，又被为了完成任务的官司吏强行摊派。慢慢地，"青苗法"背离了赈济的初衷，成为官吏搜刮百姓的一种新方式。

朝廷官员围绕变法改革，形成新旧两个派别，支持变法的为新党，反对变法的为旧党。苏轼对新法诸多弊端十分反感，写诗词进行批评和讽谏，也曾上书谈论新法的弊病，被视为旧党一派。

元丰二年（1079年），御史何正臣等人上表弹劾苏轼，说他作诗反对新法、攻击朝政。宋神宗大为恼火，下令逮捕苏轼。经审讯官员一再搜罗，最终有39人因与苏轼有诗文来往，受到牵连。而苏轼因为这件事，差点儿丢掉性命。

当时，御史台种有许多柏树，大量乌鸦栖居其上，所以人们把御史台称为"乌台"或"柏台"。此案由御史告发，又在御史台审理，故称"乌台诗案"，它是苏轼人生的一个转折点。

房梁挂钱

"乌台诗案"后，苏轼被贬到黄州任团练副使。

团练副使是一个闲职，俸禄微薄，在宋代常被用来安置贬降的官员。为了补贴家用，苏轼在城东的山坡上开垦了一块荒地。

他的别号"东坡居士",就是这时候取的。

苏轼是一个控制家庭开支的高手。刚到黄州时,因为有罪被贬,他的俸禄也被停发。每月月初,他就从积蓄里拿出4500文钱,分成30份,挂在房梁上。每天早上,他用挂字画的长柄叉子取一份下来。这150文钱,就是一家人当天的生活费。如果当天没用完,他就将余钱放在一个大竹筒里,以备不时之需。

当时,达官贵人以吃羊肉为美,瞧不起猪肉。黄州出产上好的猪肉,价钱十分便宜。苏轼买来猪肉,细心烹饪,竟然创制出一道传世佳肴,这就是"东坡肉"。

苏轼在《猪肉颂》一词里,详细地讲了猪肉的做法:"净洗铛,少著水,柴头罨烟焰不起。待他自熟莫催他,火候足时他自美。黄州好猪肉,价贱如泥土。贵者不肯吃,贫者不解煮,早晨起来打两碗,饱得自家君莫管。"简而言之,就是小火慢炖,火候到了自然美味。

在那样一种困顿的境况下,苏轼还能带着一家人,把生活过得津津有味,足见他的洒脱与豁达。

处变不惊

元祐八年(1093年),朝廷全面恢复变法新政,新党重新上台(1085年宋神宗去世后,宋哲宗即位,新政被废除),大肆打压旧党。苏轼名气太大,成为新党重点打击的对象。第二年(1094年),苏轼被贬为宁远军节度副使,移惠州(今广东惠州)安置。

"宁远军节度副使"听起来很威风,其实只是一个正八品的虚职,没有任何实权。所谓"安置",就是变相地流放。广东、广西、海南一带,古代称为岭南,被视为蛮荒之地,常用来安置被流放官员。

苏轼到惠州后,随遇而安,居然过得还不错。他还写诗说"日啖荔枝三百颗,不辞长作岭南人"(《惠州一绝》)"报道先生春睡美,道人轻打五更钟"(《纵笔》)。这些诗传到京城,他的政敌非常生气,于是下令把他贬到更偏僻荒凉的海南儋州。

苏轼有个弟弟叫苏辙,苏轼被贬海南之际,苏辙也被贬到广东雷州安置。绍圣四年(1097年)五月,兄弟二人在前往流放地的路上,凑巧相逢于广西梧州、藤州一带。

惊喜之余,二人见路边有卖汤饼的小摊,就去买了一些吃。汤饼就是面条,但这小摊做得实在粗糙难吃,苏辙放下筷子直叹气。再看苏轼,呼噜呼噜几口就吃完了。苏轼看见弟弟一副难过的样子,故意打趣他:"难道你还想细细咀嚼品味吗?"

苏轼到海南后著书立说、讲学明道、教化乡里,在海南的文化发展史上写下浓墨重彩的一笔,留下东坡井、东坡田、东坡桥、东坡帽、东坡墨、东坡话等众多的历史印记,至今仍被人们铭记。

联系与思考

活学活用

"三杀三宥"的典故,并非完全杜撰。《周礼·秋官·司刺》中就提到"三刺、三宥、三赦",形容判决死罪应慎重,能宽则宽。苏轼在考场上一时想不起来出处也很正常,但他随机应变,活学活用,在主考官欧阳修询问时,还能用孔融的例子为自己的杜撰找到合理解释,难怪欧阳修对他大为赞叹。

戒骄戒满

苏轼误改诗的故事,出自《警世通言》里的《王安石三难苏学士》。冯梦龙编撰这个故事,主旨是告诫人们要谦虚,不要自满,哪怕是像苏轼这样的大才子,也会闹笑话。反过来看,这个故事也告诫人们,没有调查就没有发言权,出了差错,要敢于承认、勇于改正。

笑对人生

苏轼一生仕途坎坷、贬谪不断,但他总能淡然处之、坦然面对。没有房子住,他自己动手搭建;没有粮食吃,他自己开荒耕种。别人不愿意吃的东西，他琢磨着怎么做成美味；别人觉得是瘴疠之地，他却处处找到惊喜、乐不思蜀。面对逆境，牢骚满腹，只会更觉不幸；乐观以对，即便是苦，也会减轻大半。

课本延伸

出处：三上·课文 4·古诗三首·赠刘景文

一年好景君须记

这首七言绝句作于元祐五年（1090年），当时苏轼任杭州太守。

刘景文是将门之后，其父率军驻守西北边境，战死沙场。他的几个兄弟也都早亡，只剩他一人孤苦无依。刘景文的仕途也不如意。苏轼与他相识时，他已经58岁，只做到一个两浙兵马都监的官儿。这是一个品级不高的职位，掌管屯戍、边防、训练等事务。

刘景文性格豪爽，苏轼和他很投缘，称他为"慷慨奇士"。这首《赠刘景文》，是苏轼写给刘景文的勉励诗，表达对他的安慰和鼓励。诗中隐隐也有自勉的意味，因为这时苏轼也已经53岁，到了孔子说的"知天命"之年。

唐代的韩愈说"最是一年春好处"，认为一年之中最美的时节就是春天。苏轼却反其道而行之，说一定要记住，秋天才是最好的时节——"一年好景君须记，正是橙黄橘绿时"。

古人寿命一般都较短，五六十岁基本算是进入人生的晚年。但秋天有落叶，也有累累果实。生命的秋天，也是一个人成熟的时节，经过大半生积淀，将来未尝不可期待。

全诗采用比兴手法，语言平实，只罗列了几种常见花果树木，似乎没有过多的情绪表达，读来却让人觉得朝气蓬勃、深受鼓舞。

在苏轼的举荐下，刘景文得到升迁，被任命为隰州（今山西隰县）知州。两年后，刘景文在隰州去世。

拓展阅读

豪放派

豪放派是宋词的一种风格流派，特点是语言旷达、气势雄浑、思想豪放，词文不拘音律格调。苏轼是第一个用"豪放"评论词作的人，被视为豪放派的开创者。

与豪放派相对的是婉约派，其特点是婉转含蓄、绮丽柔美。婉约派的代表作家有南唐李煜，以及宋代李清照、柳永等。

据说，苏轼任翰林学士的时候，有一次，他问一个擅长唱歌的幕僚："我的词跟柳永的词比起来如何？"幕僚回答道："柳郎中的词，只适合十七八岁的女孩子，拿着红牙板，低吟浅唱'杨柳岸，晓风残月'。而学士您的词，须得关西大汉操铜琵琶、铁绰板，放声高歌'大江东去'。"

这个故事，形象地说明了两种流派的风格特点。

漫画小剧场

房梁挂钱

为了控制开销，我想了一个妙招……
每个月把生活费分成三十份，挂在房梁上。
每天取一份，只能省，不能超！当天如有节余，第二天就能吃肉啦！
第二天……

辛弃疾：笔下狼烟起，词中刀剑鸣

人物小传

辛弃疾（1140年~1207年），字幼安，号稼轩，济南府历城县（今山东省济南市历城区）人。南宋文学家、军事家，以文武双全著称于世。豪放派词人，被誉为"词中之龙"。

人物故事

建炎南渡

1127年（靖康二年），金兵攻破北宋都城汴京（今河南开封），掳走宋徽宗、宋钦宗二位皇帝，史称"靖康之变"，北宋灭亡。随后，康王赵构在南京应天府（今河南商丘）即位称帝，改年号为建炎，史称南宋。赵构便是南宋第一位皇帝宋高宗。

赵构即位后，想的不是怎么打败金人，而是匆匆逃往江南，在临安（今浙江杭州）建都，这在历史上称为"建炎南渡"。南宋朝廷的软弱和退避，导致淮河以北的广袤国土被金人占领。南宋实际控制的疆域，仅局限在秦岭—淮河以南、岷山以东地区。

国恨家仇

1140年，"靖康之变"13年之后，在济南府历城县（今山东省济南市），一户辛姓人家降生了一名男婴。

这户人家并非寻常人家，辛家老太爷名叫辛赞，是北宋末年的进士。宋高宗南渡时，辛赞本想跟着南下，但因为家里人口众多，举家搬迁困难，迫于生计，不得不留在北方敌占区。后来，他还违心地做了金人的地方官。

实际上，辛赞"身在曹营心在汉[①]"，他坚信朝廷迟早会东山再起、收复失地。为此，他宁愿像勾践一样忍辱负重，在暗中做一些工作，以待将来大宋朝廷挥师北上。

刚刚出生的这个男孩，是辛赞的孙子。为了寄托心中那个隐秘的愿望，辛赞给小孙子取名"弃疾"，希望他将来能像西汉战神霍去病[②]一样，英勇神武，驱逐入侵者，保家卫国。

辛弃疾父亲去世很早，他是在爷爷辛赞的教导下长大的。每天，他都认真读书，刻苦习武。爷爷还为他请了当时著名的文学家刘瞻传道授业，教他儒家典籍和诗词创作。

闲暇之余，爷爷会带着辛弃疾登高远眺，给他讲述家国大事，告诉他："我们的故乡现在正被金人侵占，大宋才是我们的国家。"爷爷常常为自己未能追随朝廷南迁、被迫接受金人的官职而自责，希望辛弃疾能够记住国恨家仇。

金是东北女真部族建立的政权，夺取了淮河以北大片土地后，为巩固统治，将大批女真民户迁入中原。在金人的统治下，汉民过着低人一等的生活。汉民和金人田地相邻，金人就敢明目张胆地侵占；汉民的牲畜没关好，金人顺手就牵走。老百姓碰上不平之事前去告官，往往金人获胜，汉民只能忍气吞声。大好河山被金人肆意践踏，无辜百姓被金人随意凌辱，这一切，辛弃疾都看在眼里。爷爷的愤恨，他感同身受。

凭着过人的天资，以及爷爷、老师的悉心教导，辛弃疾14岁就参加乡试，考中举人。15岁和18岁时，他两度赴金朝都城燕京（今北京）参加进士科考试。这两次赶考，辛弃疾并无收获。不过这也正常，因为"金榜题名"本就不是他的目标。

辛弃疾两赴燕京，其实带有"秘密任务"。爷爷认为，参加科考是难得的深入"虎穴"、探察敌情的机会，他让辛弃疾一路上处处留心，仔细观察沿途地形地貌，以及金人的军事部署、粮仓设置，了解局势变化等情况。

两次燕京之行，让辛弃疾摸清了金人虚实，也让他深切感受到，中原百姓对金人的残暴统治，已是"怨已深""痛已巨""怒已盈"。

怒斩义端

1161年，金主完颜亮发动60万大军大举南侵，意图消灭南宋。长期遭受压迫的中原百姓，纷纷揭竿而起。22岁的辛弃疾变卖家产，也拉起一支2000多人的起义队伍。

辛弃疾很清楚，自己这2000人翻不出多大的水花。当时，济南府有一个叫耿京的起义军首领，麾（huī）下聚拢了20万兵力，是北方最大的一支起义军队伍。辛弃疾决定带领大家投奔耿京。

有个叫义端的和尚，跟辛弃疾一样拉了支小队伍。辛弃疾说服他跟自己一起加入了耿京的大部队。耿京对辛弃疾很重视，任命他为掌书记，负责管理起义军的文书和军印。

谁知这义端是个投机分子[3]，没多久，他就偷了军印悄悄溜了。耿京知道后非常生气，要治辛弃疾的罪。

辛弃疾有口难言，既愤怒于义端的不义，又惭愧自己识人不明。他仔细思索一番，断定义端是要拿起义军的军印和机密去金军那里邀赏。义端刚逃不久，应该还能追上。于是，他向耿京立下军令状[4]：如果三天之内抓不到义端，甘愿回来领罪。

辛弃疾带了几个人，快马加鞭，连夜追击。天快亮时，他们果然在去往金军大营的路上追上了义端。

义端见辛弃疾追来，知道事情败露，赶紧求饶。辛弃疾不愿多言，手起刀落，将他砍翻在地。

辛弃疾斩杀叛徒、夺回军印，让耿京赞不绝口。此后，耿京对辛弃疾更是倚重。

生擒叛将

完颜亮野心勃勃南侵，却碰了一鼻子灰，不仅没能渡过长江，反而在内讧⑤（hòng）中丢了性命。

完颜亮的弟弟完颜雍（yōng）上台后，发布了一系列瓦解起义军的措施，比如宣布只要放下武器回乡，罪名一律赦免。这导致各地起义军人心动摇，很多队伍就此解散。

为了保存抗金实力，辛弃疾建议耿京率部归宋，接受南宋朝廷的领导。耿京欣然同意，决定委派辛弃疾等人为代表，与南宋朝廷接洽归附事宜。

1162年正月，辛弃疾等人前往建康（今南京），见到了正在

那里慰问军队的宋高宗赵构。抗金义军主动投奔，宋高宗自然非常高兴，正式任命耿京为天平军节度使，辛弃疾为右承务郎、天平节度掌书记。此外，宋高宗还封赏了起义军头目200多人。

事情办得很顺利，前来接洽的代表们很兴奋，都想早点把好消息带回去。可是，他们走到海州（今江苏连云港附近）时，得知义军内部发生重大变故，裨（pí）将[6]张安国等人投降金人，杀害了主帅耿京。张安国卖主求荣，做了金人的济州（今山东巨野）知州。而义军队伍在叛徒和金军的里外夹击之下，已经瓦解了。

惊闻事变，众人慌乱不知所措。辛弃疾说："我们受主帅之托前来接洽归附朝廷事宜，现在突生惊变，已难复命。当今之计，唯有捉拿叛徒，明正典刑，为主帅报仇！"于是，他在海州约了一帮勇士，组成一支50人的锄奸行动队，轻装简行，直扑济州。

济州城驻扎着5万金兵，张安国自觉安全无虞（yú）。这一日，张安国宴请金军将领。众人正喝得兴起，忽见一人闯进帐来。来的不是别人，正是辛弃疾。张安国与辛弃疾相熟，知道他是一员猛将，一时不知他的来意，不免有些慌乱。

辛弃疾也不多言，径直上前，一把揪住张安国，拖到帐外，三两下绑了，扔上马背，翻身上马就走。事出突然，营帐内的金军将领一个个呆若木鸡，等反应过来，辛弃疾和帐外接应的锄奸行动队已绝尘而去。

锄奸行动队押着张安国，马不停蹄，一路向南，渡过长江，将这叛徒交给南宋朝廷。很快，张安国便被斩首示众。而辛弃疾因为这个壮举，一夜之间天下闻名。

壮志难酬

南宋朝廷为了嘉奖辛弃疾，任命他为江阴（今江苏江阳）签判[7]。签判，全称为"签书判官厅公事"，是宋代设立的一种官职，为各州府的助理官员，职能为协理郡政、管理文牍、审判民事案件等。

三年以后，签判任期届满，辛弃疾调任广德军通判。"军"是宋代因军事需要而设立的一种特殊地方行政单位，广德军大致在今安徽东南部。通判是宋代州、府主官的佐官，约相当于副手，但往往由皇帝直接委派，对主官有监督之责。

宋朝是一个重文轻武的朝代，辛弃疾本是武将，能够成为一名文官，而且很快升任通判，算是非常不错的起点了。但是，他步入仕途并非通过科举，而是因为"归正"。

所谓归正，即弃暗投明。对于像辛弃疾这样从沦陷区过来的人，当时有个专门称呼叫"归正人"。归正人可以得到朝廷的优待，却很难获得完全的信任。不仅如此，南宋的文官们对归正人还经常轻视与排挤。

当然，辛弃疾也未必在意这些，他的志向在于打回家乡，收复北方失地。为此，辛弃疾把自己多年对北方形势的观察总结，以及抗金的方略和主张，写成著名的《美芹十论》，上奏朝廷。

"美芹"是一个典故，出自《列子·扬朱》。说是有个人称赞芹菜好吃，本乡的富豪试着尝了一下，结果嘴巴像被毒虫蜇，肚子也痛起来。后来，人们就用"美芹"表示拿出来的东西不好，或者所献菲薄。辛弃疾以"美芹"为题，有献丑的意思，其实是一种自谦的说法。

实际上，《美芹十论》论述精辟，有很高的军事参考价值，充溢着浓浓的爱国之情，以致后来人们把《美芹十论》当成了辛弃疾的代名词。但是，皇帝并没有采纳他的建议。那时候，朝廷里的主流思想是"北伐误国"，大多数人主张宋金和议。

这以后的几十年，辛弃疾相继担任过知州、安抚使、转运副使、提点刑狱、仓部郎官等职，辗转安徽、湖北、湖南、江西、福建、浙江等地为官，兢兢业业，政绩突出。他也没忘收复失地，屡屡递交奏章呼吁北伐。然而，辛弃疾的一腔热忱换来的不是朝廷的嘉奖，而是投降派的嫉恨与攻击，并因此多次被罢官免职、隐居乡野。

辛弃疾的热血渐渐变冷，他已经看透了南宋朝廷的懦弱与腐败，他知道他的梦想终究只能是梦想了。1207年，辛弃疾在隐居的瓢泉庄园去世。临终前，他嘴里仍在喊着"杀贼，杀贼"……

注：

①身在曹营心在汉，典故出自小说《三国演义》。关羽和刘备、张飞失散后，被曹操率军围困，不得不暂时投降。曹操对关羽厚待有加，但关羽一心念着刘备，最终历经艰难重新回到刘备身边。后来，人们用这个典故形容身处敌方阵营，心里却想着

自己原来所在的一方，比喻坚持节操、忠贞不贰。现在多用来指表面上为一方工作，心里却想着别处，比喻用心不专。

②霍去病，西汉名将，以歼灭匈奴为己任，先后六次出击匈奴，解除了其对汉王朝长期以来的威胁。

③投机分子，指那些没有固定立场，只想着迎合时机、不择手段谋求个人利益的人。

④军令状，原指接受军令后订立的保证书，如不能完成任务，需依约定接受惩罚；现多用来比喻接受某项任务后写的保证书。

⑤内讧，集团内部因为争权夺利而发生的冲突或纷争。

⑥裨将，即副将。

⑦签判，全称为"签书判官厅公事"，宋代设立的官职，一般为各州府的幕僚，职能为协理郡政、管理文牍等。

联系与思考

坚守梦想

抗击金人、收复失地，是辛弃疾坚守一生的梦想。为此，他少时苦读，青年奋起，中年时奔走呼吁，到晚年仍渴望杀敌报国。因为南宋朝廷的软弱、无能和腐败，辛弃疾壮志未酬。但他的爱国热情永远激励着后人，他的诗词作品也成为中华文化的瑰宝，被后人广为传诵。

坚守理想与信念，纵然面对种种困境，也一往无前，不管理想最终实现与否,这种努力和坚持,本身就是一种打动人心的力量。

课本延伸

出处:四下·课文1·古诗词三首·清平乐·村居

抚慰人的乡村生活

《清平乐·村居》是辛弃疾闲居信州(今江西上饶)时的作品。

南归以后,因为坚持抗金主张,辛弃疾一直受到朝廷里当权的投降派的排挤和打压,长期得不到任用,闲居达20年之久。在这期间,他写下大量关注农村生活的闲适词和田园词,《清平乐·村居》便是其中一首。

这首词用纯粹的白描手法,寥寥数笔,便生动地勾勒出一幅农家生活图景,展现了乡村生活的恬淡闲适与盎然意趣,字里行间透露出作者对村居生活的由衷眷恋。

拓展阅读

宋词是什么

词是宋代盛行的一种文学体裁,是一种新体诗歌。跟诗相比,它的最大特点是句子有长有短,可配合音乐演唱,所以也称为"长短句""曲子词"。

一般认为,词产生于隋代,起源于民间,一开始是一种市井小唱的曲文。到了唐代,特别是中唐以后,随着诗人们开始写词,这一文体逐渐流行起来。进入宋代,词的创作变得极其盛行,上至达官显贵、文人墨客,下到平头百姓,涌现出大批词家。

词的标题一般由词牌名和词题组成,也有直接用词牌名做标题的。词牌即词的格式的名称,起源于词所配的曲调。随着词的创作的兴盛,词牌跟曲调逐渐脱钩,只用来限定词的句数、字数、音韵,成为一种格式,如"水调歌头""如梦令""沁园春""江城子"等,都是词牌名。

词在文学上的成就,于两宋时达到顶峰,是宋代代表性的文学形式,所以人们称之为宋词。在文学史上,宋词与唐诗并称双绝。